Energiearbeit mit Aura und Chakras

**Hinweis des Verlages**

Die Angaben in diesem Buch sind nach bestem Wissen und Gewissen zusammengestellt, und die Heilwirkung der beschriebenen Methoden wurde vielfach erprobt. Da Menschen aber unterschiedlich reagieren, kann der Verlag oder die Autorin im Einzelfall keine Garantie für die Wirksamkeit oder Unbedenklichkeit der Anwendungen übernehmen. Bei ernsthaften gesundheitlichen Beschwerden wenden Sie sich bitte an Ihren Arzt oder Heilpraktiker.

Ursula Georgii

# Energiearbeit mit Aura und Chakras

## 56 praktische Übungen für Erdung, Kontakt und Reinigung

3 4 5 6 7 13 12 11 10 09 08 07 06

*Energiearbeit mit Aura und Chakras*
Ursula Georgii



Titelseite:
Dragon Design, GB

Satz und Typographie:
Dragon Design, GB
Gesetzt aus der Berkeley

Gesamtherstellung:
Legoprint, Lavis (TN)
Printed in Italy

**ISBN 3-89060-460-9**
*Ab 2007 ISBN 9783-89060-460-2*

Ryvellus ist ein Imprint bei NEUE ERDE.

NEUE ERDE GmbH
Cecilienstr. 29 · D-66111 Saarbrücken
Deutschland · Planet Erde
info@neueerde.de · www.neueerde.de

# Danksagung

So viele Menschen hatten Einfluß auf das Entstehen dieses Buches, daß es mir unmöglich ist, ihnen allen an dieser Stelle zu danken. Besonderer Dank gebührt meinen Lehrerinnen aus Utrecht Margo van Berlo, Marianne de Jong und Carla van Hartskamp sowie Marion Swiergot, die das Manuskript sehr sorgfältig gelesen und wertvolle Anregungen gegeben hat, und Momo Tulke, die meine graphischen Ideen in die vorliegenden Illustrationen umgesetzt hat.

# Inhalt

# Einführung

Mit der Energiearbeit bin ich erstmals 1989 in Berührung gekommen. Margo van Berlo vom »Centrum voor Intuitieve Ontwikeling« in Utrecht in den Niederlanden hielt damals einen Vortrag in Berlin. Das Institut bietet seit vielen Jahren Seminare und Ausbildungen in Energiearbeit mit Aura und Chakras an. Schwerpunkte stellen die Steigerung des Vertrauens in die eigene Intuition, die Förderung der Kreativität sowie die Unterstützung des Selbstheilungsprozesses z. B. durch Visualisierung dar. Die von der Schule in Utrecht vermittelten Techniken stammen ursprünglich aus dem von Lewis Bostwick 1972 gegründeten »Berkeley Psychic Institute« in Kalifornien.

Ich war sofort von Margos offener Art begeistert. Ihr freies und selbstsicheres Auftreten und ihre besondere Ausstrahlung berührten mich tief. Sie sprach über das Institut, über ihre Erfahrungen als Aura- und Chakraheilerin in ihrer eigenen Praxis und über die Bedeutung der Energiearbeit in ihrem Leben. Es beeindruckte mich, daß sie merklich aus eigenem Erleben schöpfte und von einem inneren Verständnis über das Menschsein geleitet wurde. Margo leitete an diesem Abend eine Erdungsübung an, so daß wir einen ersten praktischen Zugang zur Energiearbeit bekamen. Kurze Zeit später hatte ich bei ihr ein individuelles Aura- und Chakra-Reading. Es war faszinierend, was diese mir völlig fremde Frau in kurzer Zeit zu meiner Person, meinen Lebensfragen und aktuellen Problemen zu sagen wußte.

In den kommenden acht Jahren folgten noch zahlreiche Readings zu den unterschiedlichsten Themen. Sie alle haben mir bestimmte Aspekte meiner Persönlichkeit bewußter gemacht und mich erstmals mit meinem vielfältigen Innenleben konfrontiert. Nicht zuletzt waren sie mir eine wichtige Hilfestellung in oftmals sehr schwierigen Lebenssituationen.

Ab 1990 besuchte ich Wochenendseminare bei Margo von Berlo, Marianne de Jong und Carla van Hartskamp. Diese Tage waren geprägt von Übungen aus der Energiearbeit. Immer und immer wieder zeigten die Frauen uns, wie wir in Kontakt mit unserem eigenen Körper, unserem Geist und unserer Seele treten können und was es heißt, bewußter mit uns selbst und unserer Umgebung umzugehen. Viel Zeit verbrachten wir damit, uns zu erden und unsere eigene feinstoffliche Energie wahrzunehmen. Daneben gab es kleine Massagen, Tanz, Musik und viel gute Laune. Als die drei »Holländerinnen« 1993 dann ein Jahrestraining anboten, habe ich begeistert zugesagt. Mit mir haben 25 weitere Frauen diese neue Welt betreten. In den sechs Wochenendseminaren haben wir viele der in diesem Buch beschriebenen Übungen einzeln oder zu zweit erfahren. Nach Abschluß des Jahrestrainings war bei vielen von uns das Interesse und die Lust groß, mit der Energiearbeit weiterzumachen.

So folgte für mich 1995 und 1996 die Ausbildung zur »Healerin«. Dort habe ich gelernt, mir selbst und anderen Aura- und Chakra-»Healings« zu geben. Das heißt, das feinstoffliche Energiesystem von Aura und Chakras durch bestimmte Techniken in Bewegung zu bringen, zu reinigen und an die jetzige Situation anzupassen. Hierdurch können veraltete oder nicht mehr benötigte Energien und Glaubenssätze bewußtgemacht und nach und nach losgelassen oder verändert werden. In Anschluß an die Healing-Ausbildung bot Marianne de Jong eine einjährige Ausbildung zur Aura- und Chakra-»Readerin« an. In einem Reading treten Bilder und Informationen über das feinstoffliche Energiesystem zutage. Hierdurch werden momentane oder vergangene Lebensfragen deutlicher, und wir erhalten neue Einsichten über uns selbst sowie über unseren Umgang mit anderen Menschen oder Situationen.

Seit dem Abschluß meiner Reading-Ausbildung im April 1997 habe ich viele Readings und Healings gegeben und Seminare zur Energiearbeit angeboten. Heute gestalte ich die Behandlungen in der Regel aus einer Kombination von Healing und Reading, wobei ich fast immer eine oder mehrere der in diesem Buch beschriebenen Übungen anleite. So erfahren die Menschen, die zu mir kommen, sehr viel über sich selbst und können damit zu ihrem Heilungsprozeß aktiv beitragen. Gleichzeitig werden diese Erfahrungen auch in das feinstoffliche Energiesystem und in den Körper integriert.

Ich habe dieses Buch geschrieben, um die Erfahrungen, die ich während meiner Ausbildung und meiner Tätigkeit als Aura- und Chakra-»Healerin« gemacht habe weiterzugeben. Mein Anliegen ist es, die zahlreichen praktischen Übungen der Energiearbeit in Form eines Übungsbuches allen interessierten Menschen anzubieten. Wichtig ist es mir, neben dem konkreten Übungsablauf auch die Intention und Wirkungsweise der einzelnen Übungen aufzuzeigen. Die Übungen in diesem Buch sind als Unterstützung und Bereicherung gedacht. Sie können uns in Alltagssituationen begleiten und in schwierigen Lebensfragen eine wesentliche Hilfestellung bieten. Durch sie ist es auch möglich, Begrenzungen und Zwänge zu erkennen, in denen wir gerade gefangen sind. Sie erleichtern es uns, manche davon loszulassen oder zu verändern. Was wir uns jedoch immer vor Augen führen sollten ist, daß wir für all unsere inneren und äußeren Prozesse sehr viel Geduld mit uns selbst und unseren eigenen Schwächen aufbringen müssen.

Ich möchte jetzt alle Leserinnen und Leser herzlich dazu einladen, die anschließend beschriebenen Übungen zu machen. Jede Übung oder Technik kann auf ihre Weise einen Anteil zu einem besseren Verständnis deiner Person und zu deinem Wohlbefinden leisten. Sie sollte vor allem aber Spaß machen und für einen kurzen Augenblick die Aufmerksamkeit von allen Äußerlichkeiten hin auf unser Inneres lenken. Hier gibt es unendlich viel zu entdecken, und hier wird es plötzlich ganz bunt, auch wenn der Alltag furchtbar grau erscheint oder wir von einem Termin zum nächsten hetzen. Es mag individuell sehr unterschiedlich sein, was die einzelnen Übungen bewirken, da jeder Mensch seine Geschichte und bisherige Lebenserfahrung mitbringt und infolgedessen unterschiedlich offen oder bereit für die einzelnen Übungen ist. Es ist möglich, daß du in den Übungen selbst nur wenig oder gar nichts Besonderes spürst oder siehst. Laß dich dadurch nicht unter Druck setzen, es gibt keinerlei Leistungszwang, und außerdem wirken diese Übungen über die bewußte und gleichzeitig über die unbewußte Ebene. Hilfreich ist es, in den Übungen nicht zu viel zu denken, sondern der eigenen

Intuition und Vorstellungskraft zu folgen. *Laß dir vor allem am Anfang ausreichend Zeit für die einzelnen Übungen und Übungsabschnitte. Das Visualisieren ist, ähnlich wie das Lernen einer Fremdsprache, zunächst etwas mühsam. Nach und nach wird es immer leichter, und irgendwann kommen die Bilder oder Gefühle in den Übungen wie von selbst. Da wir alle heute sehr stark auf die Wahrnehmung von visuellen Eindrücken konzentriert sind, fällt es uns meist schwerer, andere Sinneseindrücke ebenso ernst zu nehmen. Sie sind jedoch ebenso intensiv und aussagekräftig, wie die in unserem Inneren wahrgenommenen Bilder.*

Ich richte mich mit diesem Buch vor allem an Menschen, die offen für neue Erfahrungen sind. Die Übungen können ohne Bedenken alleine gemacht werden, für einige wird eine Partnerin oder ein Partner bzw. eine Gruppe benötigt. Allen, die bislang wenig oder keine Erfahrung mit der Energiearbeit gemacht haben, empfehle ich, mit den Übungen »Erdung und Erdenergie«, »Sonne und kosmische Energie« sowie »Energieaustausch zwischen kosmischer Energie und Erdenergie« zu beginnen. Anschließend kannst du bei der Auswahl einfach der eigenen Intuition folgen. *Wenn du mit den Übungen beginnst, dann kann es hilfreich sein, die Beschreibung der jeweiligen Übung mehrmals durchzulesen. Sobald du das Gefühl hast, das Wesentliche der Übung verstanden zu haben, dann kannst du in deinem eigenen Tempo die einzelnen Abschnitte lesen und ausführen. Eine andere Möglichkeit ist es, die jeweilige Übung auf Band aufzunehmen und in deinem eigenen Rhythmus abspielen zu lassen. Vielleicht möchtest du die Übungen auch gemeinsam mit einer anderen Person machen. Hierbei bietet es sich an, daß eine Person die Übung langsam vorliest, während die andere den Übungsanleitungen folgt. Es kann etwas schwierig sein, das passende Tempo zu finden, aber mit ein wenig Geduld und Übung gelingt es sicherlich.*

Bei der Energiearbeit gibt es kein »richtig« oder »falsch«. Jeder Mensch hat eine ganz individuelle Art wahrzunehmen, und diese hat immer auch eine Berechtigung. So ist es nicht verwunderlich, daß für den einen Menschen seine Erdung die Form einer pflanzlichen Wurzel hat, für einen anderen Menschen hingegen die Form eines Wildbaches. Die feinstofflichen Energien sind zudem nichts Absolutes oder Starres, sondern in ständiger Veränderung. Es kann also sein, daß ich heute meine eigene Erdung als dicke, braune Wurzel wahrnehme, morgen hingegen mehrere kleine gelbe Wurzeln sehe. Jeder Tag ist ein neuer Tag, und an jedem Tag verändert sich meine Stimmung und somit auch mein feinstoffliches Energiesystem. *In diesem Sinne sind auch die Illustrationen in diesem Buch zu verstehen. Sie sollen dem besseren Verständnis einzelner Übungsabläufe oder der Verdeutlichung bestimmter Begriffe dienen.*

Ich möchte darauf hinweisen, daß es in manchen Lebensphasen oder in Krisensituationen notwendig sein kann, sich Hilfe von anderen Menschen (z. B. gute FreundInnen, TherapeutInnen oder HeilerInnen) zu holen. Manchmal ist es einfach nicht möglich, alle Probleme des Lebens alleine zu meistern.

Ich wünsche allen Leserinnen und Lesern viel Spaß beim Entdecken der inneren Welten und der feinstofflichen Energien. Sie sind ebenso real, wie die äußere materielle Welt.

# Begriffliche Erläuterungen

Die folgenden Erläuterungen sollen zum Verständnis der Übungen dienen. Es besteht hierbei nicht der Anspruch, allumfassende Erklärungen oder exakte Definitionen zu geben, sondern lediglich eine gewisse Vorstellung bzw. ein Interesse an den unterschiedlichen Themen der Energiearbeit zu wecken.

**Affirmation**

Zu jeder Übung gibt es einen mentalen »roten Faden«, auf den du während der Übung deine innere Aufmerksamkeit richten kannst. Die wesentliche Idee der Übung ist in einem Merksatz unterstrichen. Durch die Affirmation wird unser Fühlen, Handeln und Denken positiv unterstützt.

**Akasha**

Die Akasha-Chronik stellt die kosmische Bibliothek dar. Hier sind unter anderem alle Daten und Informationen über uns Menschen gespeichert.

**Astralkörper**

Der Astral- oder Traumkörper umgibt den physischen Körper wie eine zweite Haut. Der Astralkörper kann sich in bestimmten Situationen bewußt oder unbewußt aus der materiellen Welt lösen und dadurch Erfahrungen in anderen Wirklichkeitsebenen (zum Beispiel in der Traumwelt) sammeln.

**Aura**

Der physische Körper wird von einem Energiekörper umgeben, den wir Aura nennen. Die Aura besteht aus verschiedenen Schichten, die jeweils unterschiedliche Funktionen, unterschiedliche Größe und Formen sowie verschiedene Farben haben. Die Aura stellt sozusagen einen Schutzraum oder Puffer zwischen dem Körper und der Umwelt dar. Viele Menschen haben Schwierigkeiten, ihren eigenen Raum zu spüren, zu definieren und nach außen hin abzugrenzen. Das kann zum Beispiel in einer Gruppe oder Menschenansammlung dazu führen, daß die eigenen Grenzen nicht wahrgenommen und respektiert werden. Andere können dann mit ihren Energien in diesen Schutzraum eindringen und uns aus unserer eigenen Energie herausholen. Wir fühlen uns unwohl, gestreßt oder ausgelaugt.

**Aura- und Chakra-Healing**

In einem Aura- und Chakra-Healing nehme ich inneren Kontakt mit deinem Wesen auf und frage es, was du für deinen momentanen Prozeß in deinem feinstofflichen Energiesystem brauchst. In dem Healing wird deine Energie dann durch meine Hände in Bewegung gebracht und an die heutige Situation angepaßt. Es ist wie eine Massage auf der feinstofflichen Ebene und wirkt meist sehr entspannend. Durch die Behandlung des feinstofflichen Energiesystems (Aura, Chakras, Erdung usw.) wird es für dich leichter, alte Glaubenssätze und stagnierende Energien, die für dein jetziges Leben nicht mehr passend sind, bewußt zu erleben und nach und nach loszulassen. Oftmals verringern sich vorhandene Spannungen auf der körperlichen, geistigen oder seelischen Ebene im Laufe des Healings.

**Aura- und Chakra-Reading**

In einem Aura- und Chakra-Reading nehme ich ebenfalls inneren Kontakt mit deinem Wesen auf. Ich frage dein Wesen, was für dich in deiner jetzigen Situation von Bedeutung ist. In dem Reading bekommst du Hinweise, Bilder und Informationen über dein feinstoffliches Energiesystem (Aura, Chakras, Erdung usw.). Es hilft dir, dir über momentane oder vergangene Situationen, Probleme oder Lebensfragen klarer zu werden und neue Einsichten in deine eigene Art und Weise im Umgang mit dir selbst, mit der Welt oder mit anderen Menschen zu bekommen. Aufgrund der in dem Reading gewonnenen Erkenntnisse ergeben sich oft intuitive und neue Lösungsansätze für dich.

**Chakras**

Der physische Körper und die Aura werden durch Kraftzentren (Chakras) miteinander verbunden. Die Chakras werden meist als farbige Energiewirbel wahrgenommen. Sie sind durch den Chakrakanal miteinander verbunden. Wir arbeiten vor allem mit den sieben Hauptchakras sowie den Fuß- und Handchakras. Die Chakras weisen unterschiedliche Funktionen bzw. Themenbereiche auf, die hier kurz angerissen werden:

*Wurzelchakra (1. Chakra):* Verbindung mit der Erde, Sicherheit, Beziehung zur Umgebung, Quantität der Lebensenergie, Lebenswille, Kraft und Vitalität

*Sakralchakra (2. Chakra):* Emotionen, Kreativität, Sexualität, Quantität der Sexualenergie, Qualität der körperlichen, mentalen und spirituellen Liebe

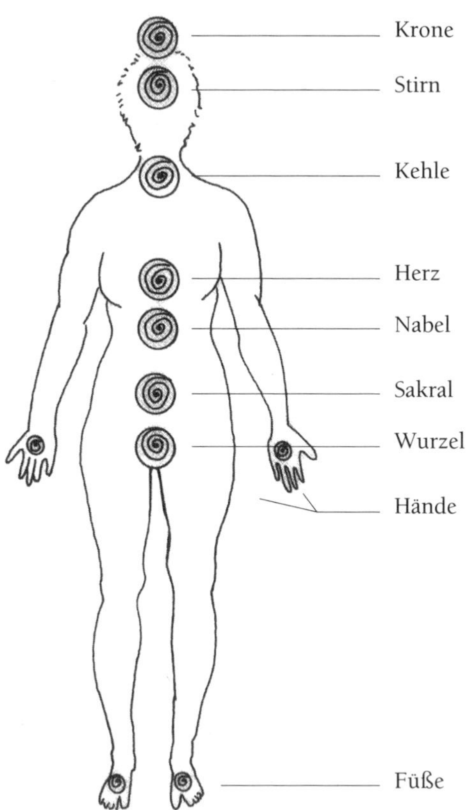
Krone
Stirn
Kehle
Herz
Nabel
Sakral
Wurzel
Hände
Füße

*Nabelchakra (3. Chakra):* Ziel, Wille, Heilen, Wille zur Gesundheit, Energie, Freude und Mut, Kreativität, Lebensfreude

*Herzchakra (4. Chakra):* Liebe, Kreativität, Herzensliebe zu anderen Menschen, Offenheit gegenüber dem Leben, wichtigstes Chakra im Heilungsprozeß

*Kehlchakra (5. Chakra, Halschakra):* Kommunikation, Kreativität, Hellhörigkeit, Aufnahmefähigkeit von Sinneseindrücken, Selbstverwirklichung in Beruf und gesellschaftlicher Stellung, Verantwortung für die eigenen Bedürfnisse, Selbstbewußtsein

*Stirnchakra (6. Chakra):* Einsicht und Erkennen, Hellsichtigkeit (3. Auge), Übersicht und Begreifen, Fähigkeit, Ideen in die Tat umzusetzen

*Kronchakra (7. Chakra):* Eigentum, Wissen, Selbstbestimmungsrecht, Integration der spirituellen Aspekte des Lebens, Gefühl der Ganzheit, des Friedens und des Glaubens, Sinn des Lebens erkennen

*Handchakras:*
Fühlen, Heilungsenergie, Berührung

*Fußchakras:*
Verbindung mit der Erde, in der Welt stehen und gehen

**Christusenergie**
Diese Energie hilft alte Verhaltensweisen und Ängste loszulassen und durch Freiheit zu ersetzen. Zur Reinigung alter Ängste wird daher in Healings manchmal Christusenergie verwendet.

**Eigenes Wesen**
Die wesentliche Energie des Menschen umfaßt viele Aspekte unseres Seins. Sie kann Informationen über unser Körperliches, Geistiges und Seelisches geben. Das eigene Wesen weiß über die Zeit und den Raum

hinaus, was unsere Aufgabe hier auf der Erde ist, in welchem Prozeß wir uns gerade befinden und was für unseren Prozeß hilfreich ist.

### Erdung

Da du als Mensch auf der Erde lebst, bist du immer mit der Erde verbunden. Allein die Erdanziehungskraft verhindert, daß du von der Erde abhebst und im freien Raum schwebst. In der heutigen Zeit, in der so vieles über den Kopf, die Gedanken und den Verstand geregelt wird, ist es jedoch ganz besonders wichtig, den Kontakt zur Erde und die Verbindung zu den unteren Chakras und dem Körper bewußtzumachen und zu stärken. Die Art und Weise deiner Erdung gibt Aufschluß darüber, wie du dich im Augenblick in der Welt fühlst, ob du einen sicheren Platz hast und ob du hier verwurzelt bist. Je nach Befinden und Lebenssituation verändert sich die Erdung in Form, Größe und Aussehen.

### Feinstoffliches Energiesystem

Neben dem physischen Körper hast du einen feinstofflichen Energiekörper (Aura) und Kraftzentren (Chakras), mit denen du deine eigene Wesensenergie und deinen eigenen Raum erfahren kannst. Durch die Übungen kannst du mit der Zeit lernen, das feinstoffliche Energiesystem wahrzunehmen. Oftmals kann es durch die Sensibilität der Hände gespürt oder durch »inneres Schauen« wahrgenommen werden. Um in Kontakt mit dem eigenen oder dem feinstofflichen Energiesystem von anderen Menschen zu kommen, ist es nicht notwendig, die Aura oder die Chakras mit den physischen Augen zu sehen. Die Fähigkeiten unserer Augen sind meistens auf das Sehen der materiellen Wirklichkeitsebene begrenzt und zeigen uns daher nur einen kleinen Ausschnitt der gesamten Wirklichkeit.

### Intuition

Intuition ist das unbewußte oder bewußte Wahrnehmen von Stimmungen, Gefühlen oder körperlichen Reaktionen in bestimmten Situationen. Hierzu setzen wir die Sinnesorgane (Augen, Ohren, Geruch) ebenso ein wie unsere in der Regel weniger ausgeprägten Sinne (inneres Schauen,

Hellhören, Fühlen). Der Zugang und das Vertrauen in die eigene Intuition kann durch viele Übungen gesteigert werden.

**Kosmische Energie**
Als Menschen sind wir beständig mit den Energien der Erde und mit den kosmischen Kräften in Verbindung. Auch aus den kosmischen Energien beziehen wir Kraft und Wissen, die für uns lebensnotwendig sind.

**Kosmischer Springbrunnen**
Um in bewußten Kontakt mit den Energien von Erde und Kosmos zu treten, stellen wir uns vor, daß sich die Erd- und die kosmische Energie in unserem Bauch (im Bereich des 2. bis 3. Chakras) treffen und durch die Körpermitte nach oben bis durch das 7. Chakra hindurchfließen. Dadurch entsteht ein kosmischer Springbrunnen, in dem alle Energie transformiert wird und der unseren Körper und unser feinstoffliches Energiesystem vollständig mit neuer, unbelasteter Energie auffüllt.

**Sonne**
Deine Sonne stellt im feinstofflichen Energiesystem dein eigenes Energiezentrum dar. Hier wird ersichtlich, inwieweit du in deiner eigenen Energie bist und ob deine Energie dir selbst zur Verfügung steht. Deine Sonne steht etwa in Armhöhe über deinem Kopf, von hier aus kannst du deine eigene Energie sammeln und dich ganz damit auffüllen.

**Staubsaugerrosen**
Wenn wir alte, nicht mehr benötigte Bilder oder Glaubenssätze im feinstofflichen Energiesystem haben, stellen wir uns vor, daß diese von unseren Händen aufgesogen und aus der Aura oder den Chakras hinausbegleitet werden. Dazu visualisieren wir Rosen, die diese unerwünschten Energien aufnehmen können und außerhalb der Aura an den Kosmos abgeben. Wir bezeichnen sie als Staubsaugerrosen.

**Supreme Being**
Das höchste Wesen oder die höchste Energie im Universum. Sehr hohe kosmische Energieform, in der sehr viel Information und Weisheit über die Erde gespeichert ist. Manche Menschen bezeichnen diese Seinsform als göttliche Energie, Gott oder die Göttin.

**Tapes**
Am Nacken befinden sich Programmierungspunkte in denen z. B. familiäre, religiöse oder gesellschaftliche Vorstellungen gespeichert sind. Oftmals stimmen diese Programmierungen nicht mehr mit den aktuellen Vorstellungen der jeweiligen Person überein, so daß eine Anpassung oder Veränderung notwendig ist.

**Visualisieren**
Im Zentrum unseres Kopfes stellen wir uns mit konzentrierter innerer Aufmerksamkeit bestimmte Farben oder Bilder so genau als möglich vor. Durch dieses Visualisieren erhalten diese Farben oder Bilder für uns eine starke Bedeutung. Ihre Wirkung unterstützt unseren Heilungsprozeß und hilft uns, alte oder nicht mehr benötigte Vorstellungen von uns selbst und der Welt nach und nach zu verändern oder loszulassen.

# Die eigene Energie

## Erdung und Erdenergie

### Intention der Übung

Durch diese Übung kannst du die Verbindung mit der Erde bzw. die von der Erde ausgehende Energie erfahren. Deine Aufmerksamkeit wird in den unteren Körperbereich gelenkt, und das Wurzelchakra kann aktiviert werden. Es findet ein Energieaustausch mit der Erde statt. Die Erde nimmt alte Energien auf, wandelt sie um und gibt das, was du im Augenblick benötigst, an dich zurück.

### Affirmation

Ich bin im »Jetzt und Hier« und stehe mit beiden Füßen auf dem Boden.

### Übungsablauf

- Setze dich bequem auf einen Stuhl, dein Rücken ist gerade, der Kopf leicht nach vorne geneigt. Beide Füße stehen etwa in Schulterbreite auf dem Boden. Dein Körper ist entspannt und deine Aufmerksamkeit ist nach innen gerichtet. Du kannst die Augen schließen oder offen lassen.

- Spüre, wie du dich im Augenblick fühlst und wie du mit deinem Körper auf dem Stuhl sitzt. Gehe mit deiner Aufmerksamkeit zum Beckenboden und atme ruhig und tief in diesen Bereich hinein. Laß dir Zeit und finde deinen eigenen Rhythmus.

- Stell dir vor, daß aus deinem Becken bzw. aus dem Steißbein langsam eine Verbindung zur Erde, z.B. in Form einer Wurzel, hervorgeht.

Diese Verbindung wächst zunächst aus deinem Körper heraus und fließt dann weiter durch den Raum, durch die darunterliegende Zimmerdecke und die darunterliegenden Zimmer, den Keller und weiter durch viele Erdschichten hindurch. Wie fühlen sich die unterschiedlichen Räume und Erdschichten an? Wie sehen sie für dich in diesem Augenblick aus und was für Emotionen verbindest du damit? Bewerte nicht, was du empfindest oder siehst, sondern laß die aufkommenden Bilder bzw. Gefühle einfach zu.

- Wie sieht deine persönliche Erdverbindung heute aus? Hat sie eine Farbe, eine bestimmte Struktur oder Konsistenz, wie groß ist sie? Verändert sich die Form, Farbe oder Struktur auf dem Weg ins Erdinnere? Gibt es Bereiche, in denen die Energie leicht oder schwer fließt?

- Du kannst mit der Farbe, Größe oder Beschaffenheit deiner Erdung spielen und ausprobieren, wie sich z. B. eine andere Farbe in diesem Augenblick anfühlt. Mache deine Wurzeln auch etwas breiter und wieder enger und spüre, was dabei passiert. Wenn du nichts besonderes spürst oder wahrnimmst macht das nichts, geh in der Übung einfach weiter und laß dich nicht unter Druck setzen. Wenn es genug ist, dann passe deine Erdung an den jetzigen Augenblick an, so daß du dich wohl und sicher damit fühlst. Du kannst dabei deine Hände zu Hilfe nehmen.

- Schreibe nun in deiner Vorstellung deinen Vor- und Zunamen sowie das Datum des heutigen Tages in die Erdung und nimm sie somit ganz in deinen Besitz. Laß die Erdenergie nach oben in deinen Körper fließen und fülle auch dein ganzes Energiefeld damit aus.

- Wenn es Gedanken oder Gefühle gibt, die du im Augenblick nicht benötigst, dann kannst du sie einfach in deine Erdung gehen lassen. Die Erde nimmt alles ohne Wertung auf und gibt transformierte Energie an dich zurück. Vergiß das Atmen nicht und bleibe in einer aufrechten und entspannten Haltung sitzen.

- Hast du einen Wunsch oder eine Frage an die Erde? Laß ein ganz spezielles Geschenk oder eine Antwort für dich hochkommen. Fülle deinen Körper und dein Energiefeld ganz mit der Erdenergie aus und bedanke dich bei der Erde für ihre Energie.

- Löse langsam deine innere Konzentration und beginne, deinen Körper etwas zu bewegen. Wenn du soweit bist, bewege dich stärker und stehe auf, um mit deiner neuen Erdung durch den Raum zu gehen. Wie fühlt sich das für dich an? Genieße noch eine Weile.

## Sonne und kosmische Energie

**Intention der Übung**

Durch diese Übung kannst du deine eigene Energie sammeln und sie von anderen Menschen oder aus bestimmten Situationen zu dir zurückholen. In deiner Sonne wird deine Energie transformiert und dir als freie und unbelastete Energie zur Verfügung gestellt. Deine Aufmerksamkeit wird in den oberen Körperbereich gelenkt, und das Kronchakra kann aktiviert werden. Durch das Kronchakra kannst du die Verbindung mit der kosmischen Energie kennenlernen.

**Affirmation**

Ich sammle meine Energie und spüre meine Kraft.

**Übungsablauf**

- Setze dich bequem auf einen Stuhl, dein Rücken ist gerade, der Kopf leicht nach vorne geneigt. Beide Füße sind, etwa in Schulterbreite, auf den Boden aufgesetzt. Dein Körper ist entspannt und deine Aufmerksamkeit ist nach innen gerichtet.

- Spüre, wie du dich im Augenblick fühlst und wie du mit deinem Körper auf dem Stuhl sitzt. Stelle eine jetzt für dich passende Verbindung mit der Erde her.

- Gehe nun mit deiner Aufmerksamkeit etwa 30 bis 50 cm über deinen Kopf und stelle dir dort deine eigene und ganz persönliche Sonne vor. Wie sieht diese Sonne für dich jetzt im Augenblick aus, hat sie eine bestimmte Farbe, Größe oder Struktur? Wie fühlt sie sich an? Steht die Sonne direkt über deinem Kopf oder liegt sie gerade etwas abseits? Laß dir Zeit.

- Vergiß das Atmen nicht und lausche weiter auf deine Gedanken, Gefühle und die aufkommenden Bilder. Laß alles einfach an dir vorbeiziehen und werte nicht. Wenn du möchtest, kannst du deine Sonne mit den Händen berühren und sie begrüßen.

- Bleibe in Verbindung mit deiner Erdung und stelle dir nun vor, daß in deiner Sonne ein Magnet sitzt, mit dem du alle Gedanken und Emotionen, die bei anderen Menschen oder in bestimmten Situationen weilen, zurückholen kannst. Du kannst auch die Energien anderer, die in deinem Energiesystem sind, abgeben. Stelle dir vor, daß diese Energien von deiner Sonne aus in den Kosmos oder direkt zu der Sonne der entsprechenden Person abfließen. Wenn du möchtest, kannst du deine Hände zur Unterstützung benutzen.

- Schreibe in deiner Vorstellung deinen Namen und das Datum des heutigen Tages in deine Sonne und nimm sie somit ganz in dein Eigentum. Atme dabei ruhig und tief. Wie sieht deine Sonne jetzt aus? Welche Farbe hat sie? Wie groß ist sie? Steht deine Sonne direkt über deinem Kopf?

- Wenn du das Gefühl hast, daß deine Sonne ganz mit deiner eigenen Energie aufgefüllt ist, dann stell dir von deiner Sonne aus eine Verbindung zum Kosmos vor. Wie sieht diese Verbindung für dich aus? Hat sie vielleicht die Struktur eines feinen Lichtstrahls oder ist sie ähnlich einer Baumwurzel, aber nach oben gerichtet? Spüre die Verbindung zum Kosmos und laß die kosmische Energie von oben in deine Sonne kommen. Wenn du kein Bild oder kein inneres Gefühl zu der Verbindung mit dem Kosmos bekommst, dann stell dir eine solche Verbindung in deinen Gedanken einfach vor.

- Laß anschließend die Energie aus deiner Sonne langsam in deinen Körper, deine Aura, deine Chakras und den Chakrakanal fließen. Du kannst z. B. eine bestimmte Farbe für deine Sonne visualisieren. Atme mit diesem Energiefluß und spüre, wie du damit aufgefüllt wirst.

- Löse langsam deine Konzentration und bewege deinen Kopf und deinen Körper vorsichtig. Wie fühlst du dich jetzt?

**Anmerkung**
Der Chakrakanal ist die energetische Verbindung zwischen den einzelnen Chakras.

## Energieaustausch zwischen kosmischer Energie und Erdenergie

**Intention der Übung**
Durch diese Übung kannst du erfahren, daß dir die Erdenergie und die kosmische Energie immer zur Verfügung stehen. Beide Energien befinden sich in einem beständigen Austausch. Du spürst, daß die Erdenergie und die kosmische Energie durch deinen Körper und durch dein feinstoffliches Energiesystem fließen und dich ganz auffüllen.

**Affirmation**
Erde und Kosmos sorgen für mich und geben mir das, was ich brauche.

**Übungsablauf**
- Setze dich bequem auf einen Stuhl, dein Rücken ist gerade, der Kopf leicht nach vorne geneigt. Beide Füße stehen etwa in Schulterbreite auf dem Boden. Dein Körper ist entspannt und deine Aufmerksamkeit ist nach innen gerichtet.

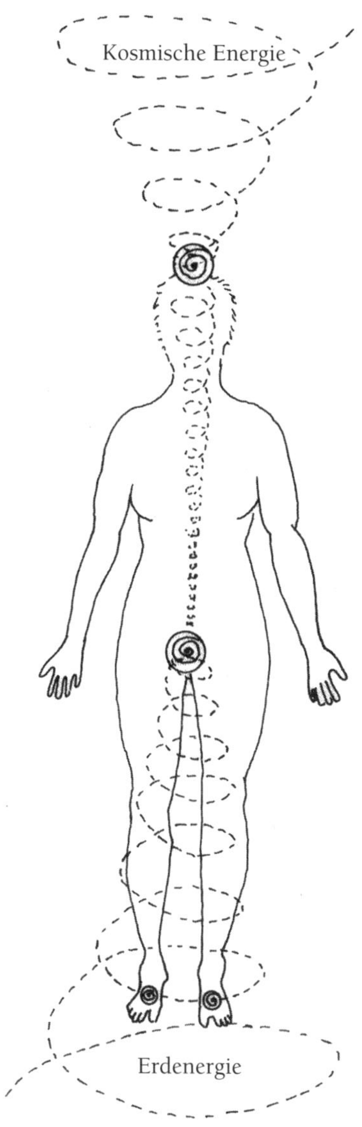
Kosmische Energie
Erdenergie

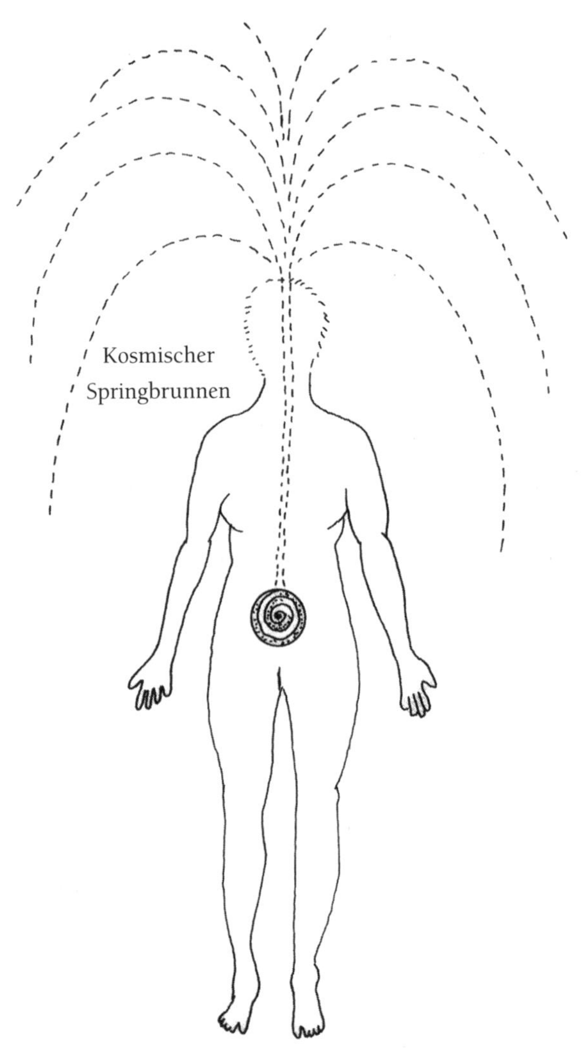
Kosmischer
Springbrunnen

- Spüre die Verbindung mit der Erde. Sammle deine Energie in deiner Sonne. Vergiß das Atmen nicht.

- Laß die Erdenergie durch deine Fußchakras in deine Beine und von dort in dein Wurzelchakra fließen. Alte und ungebrauchte Energie kann durch deine Erdung abfließen. Atme in den Energiefluß hinein und beginne, während du den Energiefluß mit der Erde aufrechterhältst, die Energie aus dem Kosmos in deine Sonne und in dein Kronchakra aufzunehmen. Stell dir vor, daß deine Sonne immer in Verbindung mit der Energie aus dem Kosmos steht und dir dadurch Kraft geben kann.

- Laß jetzt die kosmische Energie langsam mit deiner eigenen Energie zusammenfließen und in deinen Körper und dein feinstoffliches Energiesystem, also in Aura und Chakras bis hinunter zum Wurzelchakra, eingehen. Hierbei werden automatisch alle nicht mehr benötigten Gefühle, Gedanken und Bilder durch den Energiestrom gereinigt.

- Visualisiere nun im Bauch (etwas oberhalb deines Nabels) einen Energiewirbel, in dem die Energie aus der Erde und aus dem Kosmos miteinander verbunden und ausgetauscht werden.

- Laß die verwirbelten Energieströme von hier aus durch deine Körpermitte nach oben fließen und über deinem Kronchakra zu einem wunderbaren Springbrunnen entstehen. Von hier aus werden deine Aura, deine Chakras und dein Körper mit Energie durchströmt. Stell dir vor, daß von diesem Springbrunnen aus die frische Energie über deine Haut auch in deine Arme und Beine dringt. Atme ruhig in diesen Energiefluß hinein und genieße den Springbrunnen für ein paar Minuten.

- Löse dich langsam aus deiner Konzentration, indem du anfängst deinen Körper etwas zu bewegen. Bewege dich im Raum und spüre, wie du dich nun fühlst.

**Anmerkung**
Du kannst die kosmische Energie auch von deiner Sonne in das Kronchakra und von dort aus die Wirbelsäule hinunter bis in das Wurzelchakra fließen lassen. Von hier aus strömt die Energie durch den Chakrakanal (Verbindung der Hauptchakras) und durch alle Chakras hindurch wieder hinauf zum Kronchakra. Die Energie entfaltet sich über dem Kronchakra zu einem Springbrunnen und füllt somit auch die Aura ganz aus. Du kannst beim Energiefluß nach oben kosmische Energie auch durch Arme und Hände fließen lassen. Die Springbrunnenenergie nimmt verbrauchte oder überflüssige Energien auf und ersetzt sie automatisch durch unverbrauchte und freie Energien. Im Steißbeinbereich kann ein Energieaustausch mit der Erdenergie hergestellt werden.

## Baumwurzeln

**Intention der Übung**
In dieser Übung kannst du deine Verbindung mit der Erde deutlich wahrnehmen. Du erkennst, daß du – ebenso wie ein Baum – ein Teil der Natur bist. Auch du hast Wurzeln, die dich immer mit der Erde verbinden und dich auch bei starkem Wind sowie in den Höhen und Tiefen des Lebens hier auf der Erde halten und dir Sicherheit geben.

**Affirmation**
Ich bin wie ein Baum tief mit der Erde verwurzelt.

**Übungsablauf**
- Zunächst gibst du dir selbst eine kurze Fußmassage, so daß deine Aufmerksamkeit in deine Füße fließt und sich deine Fußchakras öffnen. Setze dich dazu bequem auf den Boden und nimm beide Füße nacheinander in beide Hände. Laß deine Energie mit der Atmung durch die Hände in deine Füße strömen und verwöhne die Füße durch sanftes Berühren, Streicheln und Drücken. Spüre in deine Füße hinein und gib ihnen, was sie im Augenblick brauchen. Beide Füße sind fest mit

dem Boden unter ihnen verbunden. Dein Körper ist entspannt und die Knie sind leicht gebeugt.

- Stell dich aufrecht hin und gehe mit deiner Aufmerksamkeit nach innen. Entspanne dich und stelle dir deinen Lieblingsbaum vor. Was für ein Baum ist das? Wie sieht er aus, ist er groß, klein, hoch oder niedrig, hat er Blätter, Blüten oder trägt er gerade Früchte? Visualisiere diesen Baum ganz genau vor deinem inneren Auge. Nimm dir genügend Zeit, um dich in deiner Vorstellung ganz mit dem Baum identifizieren zu können.

- Gehe nun mit deiner Aufmerksamkeit zu deinen Füßen und stelle dir vor, daß aus deinen Füßen langsam die Baumwurzeln zu wachsen beginnen. Vielleicht mußt du die Stellung deiner Füße oder auch deine Körperhaltung etwas verändern. Laß die Wurzeln des Baumes in die Erde hineinwachsen und gib ihnen den Raum und die Stärke, die sie jetzt im Augenblick brauchen, so daß du dich als Baum ganz wohl und sicher fühlst.

- Spüre die Verbindung von deinen Wurzeln zu den verschiedenen Erdschichten und fühle den neuen Halt, die neue Kraft und die Sicherheit, die durch die Wurzeln aus der Erde in dich einströmen. Vielleicht brauchst du noch ein paar kleine neue Wurzeln oder eine ganz dicke starke Wurzel, so daß du dich jetzt ganz verbunden mit der Erde fühlst.

- Wenn du dich ganz mit deinen Baumwurzeln verbunden fühlst, dann stell dir vor, daß ein sanfter Wind aufkommt. Der Baum fängt an, sich langsam im Wind zu wiegen, die Blätter rascheln, und du beginnst dich in diesem Wind sanft hin- und herzuwiegen. Bleibe dabei mit beiden Füßen fest im Boden verwurzelt. Bewege die Arme, Hände, den Kopf, deinen Oberkörper und deine Hüfte im Rhythmus des Windes.

- Stell dir vor, daß der Wind stärker wird. Auch die Äste und Blätter des Baumes werden dadurch, ebenso wie dein Körper, immer stärker in Bewegung versetzt. Gib dich dieser Bewegung hin und bleibe dabei mit beiden Füßen fest auf dem Boden. Spüre, wie es ist, ein Baum in einem Sturm zu sein, und fühle, welche Sicherheit dir die Wurzeln geben.

- Langsam nimmt die Stärke des Windes wieder ab und gleichzeitig werden deine Bewegungen wieder sanfter. Nun stehst du wie zu Beginn ganz ruhig und fest auf deinem Platz. Bleibe noch für eine Weile in dem Gefühl des Baumseins. Gehe anschließend durch den Raum und beobachte, wie du dich in deinem Körper jetzt fühlst. Wie begegnest du deiner Umgebung? Wenn du Lust hast, dann kannst du »deinen« Baum mit Wurzeln, Ästen und Blättern zeichnen.

**Anmerkung**
Du kannst diese Übung auch mit einer Partnerin machen. Die Rolle des Windes wird dabei von der Partnerin übernommen. Sie berührt dich mit Achtsamkeit und bringt dich erst langsam und dann immer stärker mit ihren Händen in Bewegung.

## Veränderungen im Wandel der Jahreszeiten

### Intention der Übung

Durch diese Übung kannst du deutlicher spüren, daß du mit der Erde und mit allen Lebewesen in Verbindung stehst. Du erkennst, daß du ebenso wie ein Baum ein Teil der Natur bist. Du fühlst die zeitlich bedingten Veränderungen in der Natur und erkennst, daß auf der Erde nichts stillsteht, sondern alles immer in Bewegung ist.

### Affirmation

Ich bin wie ein Baum und genieße die fortwährenden Veränderungen in meinem Leben.

### Übungsablauf

- Du stehst mit beiden Füßen fest auf dem Boden. Dein Körper ist entspannt und die Knie sind leicht gebeugt. Wenn du nicht so lange stehen kannst oder möchtest, dann kannst du diese Übung auch im Sitzen ausführen. Achte darauf, daß beide Füße fest mit dem Boden verbunden sind und die Energie ungehindert durch dich hindurchfließen kann.

- Gehe mit deiner Aufmerksamkeit nach innen. Entspanne dich und stelle dir deinen Lieblingsbaum im Frühling vor. Was für ein Baum ist das im Augenblick? Wie sieht er aus, ist er groß, klein, hoch oder niedrig, hat er schon Blätter oder Blüten? Steht dein Baum alleine oder mit anderen Bäumen gemeinsam z. B. auf einer Obstwiese oder im Wald? Visualisiere diesen Baum ganz genau und stelle dir dann vor, wie du selbst zu diesem Baum wirst. Laß auch die entsprechenden Wurzeln aus deinen Füßen wachsen und nimm dir so lange Zeit, bis du in deiner Vorstellung ganz zu diesem Baum geworden bist. Wie fühlt es sich für dich an, ein Baum im Frühling zu sein? Schau einfach zu, laß die Bilder kommen, ohne dich unter Druck zu setzen, und bewerte nicht.

- Stelle dir vor, daß der Frühling langsam in den Sommer übergeht und dein Baum grüner und grüner wird und voll im Saft steht. Vielleicht ist es sehr heiß und einige Blätter beginnen bereits zu welken. Was empfindest du nun? Wie ist es für dich, ein Baum inmitten des Sommers zu sein?

- Langsam geht der Sommer in den Herbst über, dein Laub beginnt bunt zu werden. Morgens ist es schon kühl, und die Früchte sind bereits reif. Vielleicht ist dein Baum ein Obstbaum und trägt nun viele Äpfel an seinen Ästen. Kannst du es genießen? Was fühlst du dabei, daß der Sommer dem Herbst weicht?

- Es ist möglich, daß sich dein Baum gegen die kommende Veränderung wehrt. Er will einfach die Blätter nicht loslassen und stellt sich mit seinem ganzen Wesen gegen die jahreszeitlich notwendige Veränderung. Beharre dann für einen Augenblick darauf, daß du als Baum im Stadium des Herbstes bleibst. Was passiert dabei und wie fühlt es sich an? Wenn du kurz in das aufkommende Gefühl hineingespürt hast, dann laß dieses Festhalten los und erinnere dich daran, daß sich alles in der Natur in einem fortlaufenden Wandel befindet. Laß dich auf die jahreszeitliche Veränderung vom Herbst zum Winter ein.

- Stelle dir nun vor, daß auch der Herbst vorbeigeht, die Tage schon viel kürzer sind und auch dein Baum alle Blätter verliert und sich auf den kalten Winter vorbereitet. Es fällt Schnee, der Baum zieht alle Säfte zurück, und doch sind die Knospen für den nächsten Frühling schon vorbereitet. Wie fühlt sich diese Ruhepause für deinen Baum an? Ist es wie ein tiefes Durchatmen und Besinnen, bevor erneut der Frühling alles zum Leben erweckt? Spüre eine Weile hinein und mache dir bewußt, das alles auf der Erde in Bewegung ist und daß der Frühling dem Winter folgt wie der Herbst dem Sommer.

- Bringe zum Schluß deinen Baum in die Jahreszeit, die sich für dich im Augenblick am schönsten anfühlt. Und genieße noch für eine kleine Weile das Gefühl des Baumseins. Wenn du genug hast, dann löse dich langsam aus deiner Konzentration und bewege dich ein bißchen durch den Raum.

## Kontakt mit deinen weiblichen und männlichen Anteilen

### Intention der Übung

Wir alle haben sowohl weibliche als auch männliche Anteile in uns. In dieser Übung erhältst du Zugang zu beiden Anteilen in dir. Du erfährst, welche Glaubenssätze und Bilder du mit Weiblichkeit und Männlichkeit verbindest und läßt einige davon gehen.
(Männer vertauschen bitte das Weibliche und das Männliche.)

### Affirmation

Ich nehme meine weiblichen und männlichen Anteile in mir wahr.

### Übungsablauf

- Setze dich bequem auf einen Stuhl, dein Rücken ist gerade, der Kopf leicht nach vorne geneigt. Beide Füße stehen, etwa in Schulterbreite, auf dem Boden. Dein Körper ist entspannt und deine Aufmerksamkeit ist nach innen gerichtet. Atme tief ein und aus und erde dich.

- Beschäftige dich innerlich mit dem Thema Weiblichkeit oder Frausein. Was bedeutet es für dich, in einem weiblichen Körper geboren worden zu sein? Hast du bestimmte Glaubenssätze in dir, die deine eigene weibliche Energie begrenzen? Formuliere diese Vorstellungen für dich.

- Stelle dir dann außerhalb deiner Aura einen großen leeren Karton vor. Laß alle veralteten Vorstellungen oder Glaubenssätze, die du mit Weiblichkeit oder Frausein verbindest, in den Karton gehen. Du kannst deine Hände zu Hilfe nehmen und die Glaubenssätze aus deiner Aura, deinen Chakras und deinem Körper damit begleiten. Laß den Karton in deiner Vorstellung explodieren und die Energie darin in den Kosmos gehen. Fülle anschließend deine Aura, deine Chakras und deinen Körper mit unvoreingenommener Energie aus deiner Sonne auf.

- Gehe nun mit deiner Aufmerksamkeit in die Mitte deines Kopfes und von hier aus zu einer Stelle in deinem Körper oder in deiner Aura, die für dich viel mit Frausein oder Weiblichkeit zu tun hat. Wie sieht diese Stelle aus? Beobachte genau. Gibt es hier eine andere Person oder ein Tier? Laß dir von dieser Person oder diesem Tier etwas über diese Stelle und die Bedeutung von Weiblichkeit bzw. Frausein erzählen. Bedanke dich für die Informationen und erde dich erneut.

- Beschäftige dich jetzt innerlich mit den männlichen Anteilen in dir. Hast du eine Vorstellung von diesen Anteilen oder sind sie dir bisher nicht bewußt? Hast du Bilder oder Glaubenssätze, die mit männlicher Energie oder Männern im allgemeinen zusammenhängen?

- Stelle dir außerhalb deiner Aura wieder einen leeren Karton vor, in den du alle veralteten Vorstellungen über Männlichkeit oder männliche Anteile in deiner Aura, deinen Chakras oder in deinem Körper gehen läßt. Laß den Karton in deiner Vorstellung explodieren und die Energie darin in den Kosmos gehen. Fülle deine Aura, deine Chakras und deinen Körper mit unvoreingenommener Energie aus deiner Sonne auf.

- Gehe anschließend mit deiner Aufmerksamkeit in das Zentrum deines Kopfes und von hier aus zu einer Stelle in deinem Körper oder in deiner Aura, die für dich viel mit männlicher Energie zu tun hat. Wie sieht diese Stelle aus? Beobachte genau. Gibt es hier eine andere Person oder ein Tier? Laß dir von dieser Person oder diesem Tier etwas über diese Stelle und die Bedeutung von männlicher Energie erzählen. Bedanke dich für die Informationen und erde dich erneut. Löse dich langsam aus deiner Konzentration.

### Anmerkung

Diese Übung kann von Frauen und Männern gemacht werden, da beide sowohl weibliche als auch männliche Energien in sich tragen. In unserer Gesellschaft existieren so viele Bilder über Frausein und Mannsein, daß jede(r) von uns immer auch von gesellschaftlichen, familiären oder moralischen Vorstellungen beeinflußt ist.

## Spezielle Erdung für Frauen

### Intention der Übung

Durch diese Übung kannst du dir der Qualität deiner eigenen Weiblichkeit und deiner weiblichen Stärke bewußt werden und lernen, sie mehr und mehr zu bejahen. Indem du dich von den weiblichen Organen aus erdest, erhältst du unmittelbareren Zugang zu ihnen, und der Kontakt mit deiner weiblichen Seite verstärkt und festigt sich.

### Affirmation

Ich bin in Kontakt mit meiner Weiblichkeit und beziehe Kraft aus der Verbindung zur Erde.

### Übungsablauf

- Setze dich bequem auf einen Stuhl, dein Rücken ist gerade, der Kopf leicht nach vorne geneigt. Beide Füße stehen, etwa in Schulterbreite, auf dem Boden. Dein Körper ist entspannt, und deine Aufmerksamkeit ist nach innen gerichtet.

- Geh mit deiner Aufmerksamkeit und mit der Atmung zu deinen Eierstöcken und deiner Gebärmutter und spüre für einen Augenblick in die Organe hinein. Fällt es dir leicht, den inneren Kontakt herzustellen oder hast Schwierigkeiten damit? Vielleicht ist es einfacher für dich, wenn du deine Hände auf den Bauch legst und durch sie die Verbindung herstellst.

- Wenn du den inneren Kontakt zu den weiblichen Organen spürst, dann stell dir vor, daß von hier aus eine Verbindung in die Erde hinein entsteht. Diese energetische Verbindung hat die Form eines Dreiecks.

- Wie fühlt sich diese Verbindung für dich an, wie tief reicht sie in die Erde hinein, welche Farbe hat sie? Was passiert in deinem Körper und in deinem Energiesystem, wenn du dich auf diese Weise erdest. Urteile nicht über die aufkommenden Gefühle und Bilder.

- Laß nun die alten und nicht mehr benötigten Blockaden, Glaubenssätze und Bilder, die du mit Frausein oder Weiblichkeit in Verbindung bringst, aus den Eierstöcken in die Erde abfließen (z. B. »Frauen haben keine Rechte« oder »Frausein ist immer schwer«). Laß aus der Erde unbelastete und freie »frauliche« Energie nach oben in deine weiblichen Organe und – wenn du willst – auch weiter in deinen Körper und in deine Chakras fließen. Unterstütze den Energiefluß durch deine Atmung.

- Beobachte, wie es dir jetzt geht, und mache diese neue Erdung für dich so angenehm wie möglich, indem du die Farbe, Größe oder Struktur an die jetzige Situation anpaßt. Schreibe das heutige Datum und deinen Namen in die neue Erdung.

- Löse dich langsam aus der Konzentration und spüre nach, wie du dich jetzt fühlst.

**Anmerkung**

Wiederhole die obige Übung, aber erde dich diesmal von den zwei Ischiaspunkten am Po aus. Mach von hier aus in deiner Vorstellung eine Verbindung entlang der Außenseiten der Beine bis hinunter zu den Füßen und von dort ebenfalls in Form eines Dreiecks bis in die Erde hinein (an den Ischiaspunkten sitzen ebenfalls »weibliche« Stellen. Es sind übrigens die Bereiche am Körper einer Frau, in die Männer vorzugsweise energetisch eindringen). Du kannst diese Übung auch gut im

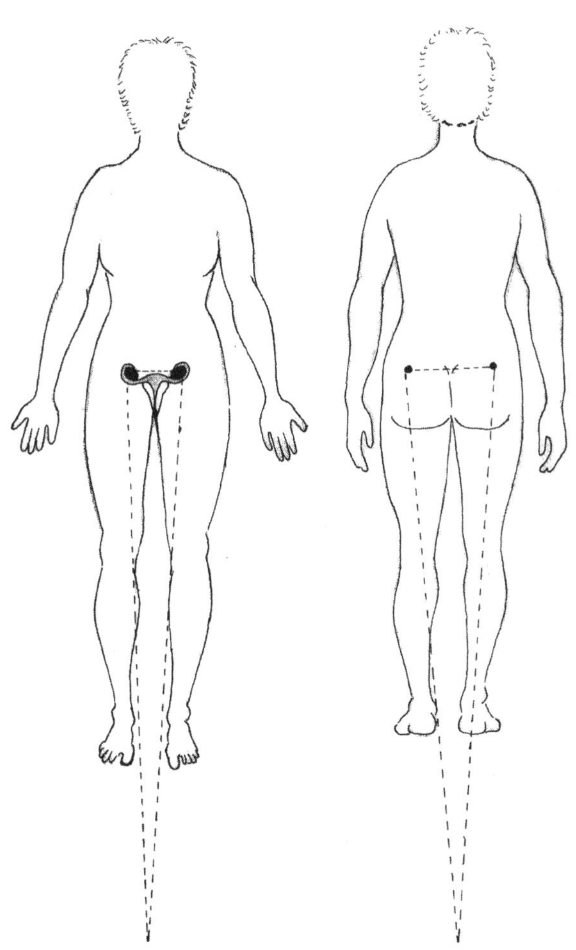

Stehen machen. Finde für dich selbst heraus, ob du dich lieber von den Eierstöcken oder von den Ischiaspunkten aus erden möchtest. Du kannst beide Übungen natürlich auch hintereinander machen. Männer können sich ebenfalls auf eine speziell männliche Art mit der »männlichen« Kraft der Erde verbinden, indem sie sich von der Prostata bzw. den Hoden aus erden.

## Kontakt mit dem eigenen Lebensweg

### Intention der Übung

Wir alle sind bereits mit einem Lebensplan in dieses Leben auf der Erde gekommen. Es gab bereits vor unserer Geburt eine Idee davon, was wir in diesem Leben auf der Erde tun und mit welchen Themen oder Problemen wir uns auseinandersetzen wollen. In dieser Übung bekommst du Zugang zu diesem ursprünglichen Lebensplan und reinigst ihn von familiären Begrenzungen sowie von beeinträchtigenden Energien aus früheren Leben.

### Affirmation

Ich habe Kontakt zu meinem eigenen Lebensweg.

### Übungsablauf

- Setze dich bequem auf einen Stuhl, dein Rücken ist gerade, der Kopf leicht nach vorne geneigt. Beide Füße stehen, etwa in Schulterbreite, auf dem Boden. Dein Körper ist entspannt, und deine Aufmerksamkeit ist nach innen gerichtet. Erde dich. Atme Leichtigkeit ein und laß bei der Ausatmung alle Probleme, die du im Augenblick hast, gehen.

- Stelle dir außerhalb deiner Aura eine weiße Leinwand vor, auf der jetzt ein Bild von deiner Lebenslinie entsteht. Gehe auf dieser Lebenslinie langsam durch deine Lebensphasen bis zu deiner Geburt und weiter bis zum Augenblick deiner Empfängnis zurück.

- Welchen Lebensplan oder welche Lebensenergie hattest du, bevor du als Säugling in einem Körper auf die Erde gekommen bist? Wieviel Prozent hast du davon mit in dieses Leben gebracht? Was hast du alles bei deiner Inkarnation im Kosmos gelassen?

- In welcher Verbindung stand dein eigener Lebensplan zu den Begrenzungen und Vorgaben von deiner Familie? Welche Bilder, Glaubenssätze und Familientraditionen haben damals als Verbote auf die Verwirklichung deines eigenen Lebensplanes gewirkt?

- Reinige in deiner Vorstellung deinen ursprünglichen Lebensplan von all den alten Verboten und Begrenzungen, indem du sie in »Staubsaugerrosen« gehen läßt und die Rosen anschließend außerhalb deiner Aura zum Explodieren bringst. Die freie Energie wird vom Kosmos aufgenommen und transformiert.

- Gehe mit deiner Aufmerksamkeit wieder zu deiner Lebenslinie auf der Leinwand. Gibt es in ihr auch Energien aus früheren Leben, die mit deinem ursprünglichen Plan nicht übereinstimmen? Reinige deine Lebenslinie auch von diesen Energien, indem du sie in die Erde abgehen läßt. Verändert sich etwas in deinem Bild? Atme.

- Verbinde nun deine eigene Lebensenergie auf der Leinwand mit der Erde und bringe sie ins »Jetzt und Hier«, indem du deinen Namen sowie das Datum von heute deutlich hineinschreibst. Hole anschliessend diese Lebensenergie in deiner Vorstellung zu deiner Sonne und laß all die dazugehörenden Energien von dort aus in deine Aura, deine Chakras und auch überall in deinen Körper fließen. Atme tief ein und aus und löse dich dann langsam aus deiner Konzentration.

# Kontakt zur eigenen Architektin, Baumeisterin und Arbeiterin

### Intention der Übung

In deinem Leben hast du eine Helferin oder einen Helfer, der deinen Lebensweg oder Lebensplan genau kennt und dir dabei hilft, auf diesem Weg zu bleiben. Wir nennen diese Helferin die innere Architektin, da sie die Übersicht über dein Leben hat. Daneben gibt es die innere Baumeisterin oder den inneren Baumeister, der dafür verantwortlich ist, die Vorgaben der Architektin zu konkretisieren und umzusetzen. Die Baumeisterin gibt ganz konkrete Vorgaben an die Arbeiterin oder den Arbeiter weiter, die dann die großen Lebensziele langsam und Schritt für Schritt in die Tat umsetzt. In dieser Übung nimmst du Kontakt mit deiner Architektin, deiner Baumeisterin und deiner Arbeiterin auf und erhältst dadurch innere Unterstützung für dein Leben.

### Affirmation

Ich habe Kontakt zu meinem Lebensweg und bin in der Lage, meine Ziele in die Tat umzusetzen.

### Übungsablauf

- Setze dich bequem auf einen Stuhl, dein Rücken ist gerade, der Kopf leicht nach vorne geneigt. Beide Füße sind, etwa in Schulterbreite, auf den Boden aufgesetzt. Dein Körper ist entspannt und deine Aufmerksamkeit ist nach innen gerichtet. Erde dich.

- Gehe mit deiner Konzentration ins Innere deines Kopfes und von hier aus zu einer Stelle in deinem Körper oder in deiner Aura, wo deine innere Architektin sitzt. Begrüße sie und beobachte, wie sie aussieht. Versuche dabei, nicht zu viel zu denken, sondern folge deiner Intuition. Sie weiß, wo sich die Architektin in deinem Körper oder deiner Aura befindet.

- Verbinde dich und deine Architektin mit der Erde und schreibe das Datum in diese Verbindung. Hat sie eine Nachricht oder ein Geschenk für dich? Kannst du etwas für sie tun, so daß sie ihre Aufgabe besser erfüllen kann? Bedanke dich für den Kontakt und gehe mit deiner Aufmerksamkeit wieder ins Zentrum deines Kopfes.

- Suche jetzt die Stelle in deinem Körper oder in deiner Aura, wo sich deine innere Baumeisterin befindet. Begrüße sie und beobachte. Verbinde auch sie mit deiner Erdung und frage sie, ob sie eine Information oder ein Geschenk für dich hat oder ob sie etwas von dir braucht. Bedanke dich bei ihr.

- Gehe nochmals ins Zentrum deines Kopfes und suche einen neuen Ort in deinem Körper oder deiner Aura, wo deine innere Arbeiterin wohnt. Begrüße sie und verbinde auch sie mit deiner Erdung. Gibt es von ihr auch einen Hinweis oder ein Geschenk für dich oder kannst du etwas für sie tun? Bedanke dich auch bei ihr für den Kontakt und löse dich dann langsam aus der Konzentration.

# Die Wesensenergie

## Kontakt mit dem elementaren Wesensanteil

**Intention der Übung**

In der heutigen, sehr stark vom Intellekt beeinflußten Zeit ist es besonders wichtig, sich bewußt mit unseren elementaren Aspekten auszusöhnen. Diese Anteile umfassen unter anderem die Instinkte (z. B. Angst vor Unwetter) und Triebe (z. B. Sexualität) sowie den formgebenden Aspekt des Lebens (z. B. Form meines Körpers). Durch diese Übung kannst du eine liebevolle und bewußte Verbindung mit deinen elementaren Wesensanteilen herstellen, da auch sie gesehen und geliebt werden wollen.

**Affirmation**

Ich bin in liebevollem Kontakt mit meinen elementaren Wesensanteilen.

**Übungsablauf**

- Setze dich bequem auf einen Stuhl, dein Rücken ist gerade, der Kopf leicht nach vorne geneigt. Beide Füße sind, etwa in Schulterbreite, auf den Boden aufgesetzt. Dein Körper ist entspannt und deine Aufmerksamkeit ist nach innen gerichtet. Verbinde dich mit der Erdenergie und laß gleichzeitig kosmische Energie durch deine Sonne in deinen Körper und dein Energiesystem fließen.

- Lege nun intuitiv entweder deine rechte oder deine linke Hand auf dein Herzchakra und die andere Hand auf dein Nabelchakra. Stell dir vor, daß die Erdenergie und die kosmische Energie durch deinen Körper und deine Chakras in deine Hände fließt und von hier aus in dein Herz- und Nabelchakra gelangt.

- Begrüße in deiner Vorstellung dein elementares Wesen und gib ihm die Liebe und Zärtlichkeit, die es braucht. Sage innerlich »Hallo« zu all deinen elementaren Anteilen, auch wenn du sie bisher übersehen oder abgelehnt hast. Du kannst dir vorstellen, dein Elementarwesen im Arm zu halten und es sanft hin- und herzuwiegen.

- Frage dein elementares Ich, was es von dir in diesem Augenblick braucht oder möchte und mache ihm ein entsprechendes Geschenk. Was brauchst du noch, um diesen Aspekt annehmen und akzeptieren zu können? Verabrede mit deinem Elementarwesen, daß ihr von nun an häufiger Kontakt miteinander aufnehmt, löse dich langsam aus der Konzentration und öffne die Augen.

## Verbindung mit dem Elementarwesen

**Intention der Übung**

In der heutigen Zeit sind wir Menschen sehr stark durch unsere geistigen oder mentalen Anteile bestimmt. Immer mehr Energie strömt in die oberen Körperbereiche und Chakras, gleichzeitig verlieren wir die Verbindung mit der Erde und den Kontakt zu unserem elementaren Wesensanteil. Der elementare Wesensanteil umfaßt die gestaltenden und formenden Anteile in dir sowie alle angeborenen Triebe und Bedürfnisse, die ein Leben auf der Erde überhaupt erst ermöglichen. Er gehört also zu unserer Ganzheit und hilft uns, in der materiellen Welt leben und genießen zu können. Durch diese Übung kannst du bewußt Kontakt mit deinem Elementarwesen aufnehmen und es in deine Ganzheit integrieren. Das hilft dir, dich auf der Erde und in deinem Körper wohlzufühlen.

**Affirmation**

Ich nehme Kontakt mit meinem elementaren Wesensanteil auf und verbinde mich damit.

**Übungsablauf**

- Setze dich bequem auf einen Stuhl, dein Rücken ist gerade, der Kopf leicht nach vorne geneigt. Beide Füße stehen, etwa in Schulterbreite, auf dem Boden. Dein Körper ist entspannt und deine Aufmerksamkeit ist nach innen gerichtet.

- Verbinde dich mit der Erdenergie und laß sie in dein erstes und zweites Chakra fließen. Nimm nun Kontakt mit deiner Sonne auf und laß auch die kosmische Energie durch deinen Körper und die Chakras bis hinunter ins zweite Chakra strömen. Hier verbinden sich Erdenergie und kosmische Energie und durchdringen zusammen deinen Körper und dein feinstoffliches Energiesystem.

- Gehe mit der Aufmerksamkeit in das Zentrum deines Kopfes und stelle dir nun außerhalb deiner Aura eine weiße Leinwand vor. Erde die Leinwand und schreibe das heutige Datum in die Erdung.

- Auf dieser Leinwand zeigt sich jetzt ein Bild von deinem Elementarwesen. Laß dir genügend Zeit, dieses innere Bild dort entstehen zu lassen und schau es dir genau an. Was siehst du? Wie sieht dein elementarer Wesensanteil aus und was für ein Gefühl bekommst du? Achte auf die Form, die Größe, das Aussehen und die Farben deines Elementarwesens.

- Bringe das Bild in die Gegenwart, indem du das Datum von heute hineinschreibst. Verändert sich das Bild dadurch? Beobachte die Veränderung, bewerte sie nicht.

- Wenn du das Gefühl hast, daß du wirklich in Kontakt mit deinem Elementarwesen bist, dann hole das Bild von der Leinwand in dein zweites Chakra. Hier wird das Bild mit deiner eigenen kreativen Energie verbunden und fließt in deinen gesamten Körper sowie in dein feinstoffliches Energiesystem. Achte darauf, daß die Idee des elementaren Wesens auch dein Herzchakra durchdringt und sich so mit deiner Liebe zu dir selbst verbindet.

- Lege abschließend die Hände auf Herz- und Nabelchakra und atme langsam und tief in die Hände ein und in die Erde aus. Bleib dabei in Kontakt mit deinem Elementarwesen und begrüße es liebevoll. Du kannst jederzeit wieder in Verbindung mit ihm treten und auch verabreden, daß es dir helfend und unterstützend im Alltag zur Seite steht.

- Löse dich langsam aus der Konzentration. Wenn du willst, kannst du das Bild zeichnen oder dir etwas aufschreiben. Erinnere dich jeden Tag an den Kontakt mit deinem elementaren Ich.

## Verbindung mit dem eigenen Namen

**Intention der Übung**

In dieser Übung verbindest du dich bewußt mit deinem eigenen Namen. Die Schwingung des Namens besitzt eine besondere und ganz individuelle Kraft. Durch die Reinigung von Vor- und Zuname kann diese Namensenergie ins »Hier und Jetzt« geholt und aktiviert werden. Du kannst spüren, daß du und dein Name zusammengehören.

**Affirmation**

Ich verbinde mich mit meinem Namen und ziehe Kraft daraus.

**Übungsablauf**

- Setze dich bequem auf einen Stuhl, dein Rücken ist gerade, der Kopf leicht nach vorne geneigt. Beide Füße sind, etwa in Schulterbreite, auf den Boden aufgesetzt. Dein Körper ist entspannt und deine Aufmerksamkeit ist nach innen gerichtet.

- Verbinde dich mit der Erd- und der kosmischen Energie. Gehe mit deiner Aufmerksamkeit ins Zentrum deines Kopfes und visualisiere außerhalb deiner Aura, etwa einen Meter vor dir, eine weiße Leinwand oder einen leeren Bildschirm.

- Laß auf dieser Leinwand ein Bild deines gesamten Namens entstehen. Wie ist dein Name im Augenblick geschrieben oder gemalt? Wie groß sind die Buchstaben und der gesamte Namenszug? Wo auf der Leinwand steht der Name? Schau dir alles genau an.

- Stelle dir nun von dieser Leinwand aus eine Verbindung zur Erde vor. Du kannst die Hände zu Hilfe nehmen, um die Verbindung deutlich zu machen. Schreibe in deiner Vorstellung in diese Erdung das Datum von heute und laß dann alle alten und überflüssigen Bilder und Glaubenssätze über dich und deinen Namen in die Erde abfließen.

- Beobachte, welche Gedanken und Gefühle dabei hochkommen und wie sich das Bild deines Namens auf der Leinwand durch die Verbindung zur Erde und das Loslassen von nicht mehr benötigten Vorstellungen über dich selbst und deinen Namen verändert. Wiederhole den Reinigungsprozeß solange, bis dein Name klar und deutlich auf der Leinwand geschrieben steht.

- Wenn dein Name ganz an die heutige Situation angepaßt ist, dann hole das Bild von der Leinwand in deine eigene Sonne. Fülle deine Aura, deine Chakras und auch deinen Körper von hier aus ganz mit der neuen Energie deines Namens auf und atme zum Schluß noch einige Male tief durch, bevor du dich aus der Konzentration löst.

**Anmerkung**
In einem Aura- und Chakra-Healing oder -Reading nehme ich durch innere Konzentration Kontakt mit deinem Wesen auf. Dein von dir selbst laut ausgesprochener Name hilft mir hierbei, den Kontakt zu bewahren und immer wieder herzustellen.

# Kontakt mit dem inneren Kind

### Intention der Übung

Auch als Erwachsene tragen wir in uns einen kindlichen und oftmals unverarbeiteten oder verletzten Anteil. Solange wir dieses »innere Kind« nicht als eigenen Wesensanteil erkennen bzw. in unser Leben integrieren und es annehmen, werden wir immer wieder, ob es uns gefällt oder nicht, unbewußt in alte, kindliche Verhaltensmuster hineingeraten. Durch diese Übung kannst du bewußt Kontakt zu deinem inneren Kind aufnehmen, es nach und nach kennenlernen und ihm so mit mehr Respekt und Aufmerksamkeit begegnen. Du kannst dadurch sehr viel über deine Verhaltensweisen und Emotionen erfahren und sie somit besser in deinen Alltag integrieren.

### Affirmation

Ich lerne mein inneres Kind kennen und integriere es in mein Leben.

### Übungsablauf

- Setze dich bequem auf einen Stuhl, dein Rücken ist gerade, der Kopf leicht nach vorne geneigt. Beide Füße stehen etwa in Schulterbreite auf den Boden. Dein Körper ist entspannt und deine Aufmerksamkeit ist nach innen gerichtet. Erde dich.

- Laß vor deinem geistigen Auge eine Landschaft entstehen, in der du spazierengehst. Wie sieht die Landschaft aus? Gibt es hier Pflanzen, Tiere, Wasser oder andere Menschen? In deinem Bild gibt es einen Weg, gehe ihn entlang.

- Jetzt kommst du an ein Haus, betrachte es zunächst von außen. Gibt es einen Garten, hat das Haus ein Dach, Fenster oder Türen? Visualisiere eine Haustür. Gehe durch die Tür in das Haus hinein und schau dir in Ruhe die Räume an. Gibt es in dem Haus einen Keller, ein Wohnzimmer, eine Küche oder einen Flur? Wie sind die Räume eingerichtet? Gibt es außer dir andere Menschen oder Tiere in deinem Haus?

- Gibt es in dem Haus auch ein Kinderzimmer? Wenn nicht, dann laß vor deinem inneren Auge ein Bild von einem Kinderzimmer entstehen. Gehe jetzt in dieses Zimmer hinein. Wie sieht es dort aus? Schau dir auch hier alles genau an. Gibt es Kinder hier? Wie fühlen sie sich? Bist du eines dieser Kinder? Wenn es keine Kinder gibt, dann stell dir dich als ein kleines Kind in diesem Kinderzimmer vor. Begrüße dein kleines, inneres Kind, sag ihm, wer du bist. Frage das Kind, wie es ihm geht und ob es dir etwas erzählen oder zeigen will. Laß dem Kind Zeit, sich dir mitzuteilen. Vielleicht macht dir das Kind ein kleines Geschenk.

- Frage das kleine Kind, ob es etwas von dir wissen will oder ob du ihm etwas Bestimmtes geben kannst. Laß dich darauf ein und gib dem Kind, was es gerade möchte. Wenn du willst, dann kannst du mit dem Kind verabreden, daß du es bald wieder besuchen kommst.

- Bedanke dich bei dem Kind und verabschiede dich von ihm. Geh durch das Haus wieder in den Garten und auf den Weg in die Landschaft, aus der du gekommen bist. Vielleicht hat sich die Landschaft etwas verändert. Schau sie dir einen Augenblick lang an und geh dann mit deiner Aufmerksamkeit zurück in deinen Körper. Atme ein paar mal tief ein und aus und öffne dann die Augen.

**Anmerkung**
Du kannst die Landschaft, das Haus und das Kinderzimmer zeichnen, wenn du möchtest. Vielleicht möchtest du auch etwas aufschreiben. Wiederhole diese Übung immer wieder und beobachte, wie sich der Kontakt zu deinem inneren Kind verändert. Genieße euer Zusammensein mehr und mehr. In dem Haus steht der Keller für die Vergangenheit und die dunklen Seiten deines Lebens, das Wohnzimmer zeigt, wie du dich nach außen gibst, die Küche ist ein Bild dafür, wie du für dich sorgst und der Flur zeigt deine Art, mit der Außenwelt in Kontakt zu treten.

# Verbindung mit dem eigenen Wesen

**Intention der Übung**

Dein eigenes Wesen steht in Verbindung mit deinen körperlichen, geistigen und seelischen Aspekten. Durch diese Übung kannst du Kontakt mit deiner Wesensenergie aufnehmen, wodurch du dich als Ganzes erfahren und alle Wesensanteile von dir liebevoll berühren kannst. Die Verbindung mit deinem eigenen Wesen hilft dir, Antworten auf viele deiner Fragen über dich selbst zu finden.

**Affirmation**

Ich nehme Kontakt mit meinem eigenen Wesen auf und nehme mich so an, wie ich bin.

**Übungsablauf**

- Lege dich auf den Rücken, die Arme liegen neben dem Körper, die Beine sind angewinkelt. Dein Körper ist entspannt, und deine Aufmerksamkeit ist nach innen gerichtet.

- Verbinde dich im Liegen mit der Erde und atme ruhig und entspannt. Geh mit deiner Konzentration in das Zentrum deines Kopfes und stell dir vor, daß du auf einem Weg durch eine wunderschöne Landschaft gehst. Der Weg führt dich jetzt an einen Ort, der dir Kraft und Vertrauen gibt. Wie sieht dieser Ort für dich aus? Gibt es dort Pflanzen, Wasser oder Tiere? Schau dir den Ort genau an, mache es dir ganz bequem und genieße.

- Laß dich intuitiv zu einer Stelle in deinem Körper führen, wo du eine deutliche Verbindung zu deinem eigenen Wesen spürst. Indem du innerlich in Kontakt mit deinem eigenen Wesen treten möchtest, wirst du die Verbindung zu ihm bereits wahrnehmen. Falls es dir schwerfällt, dann stell dir diese Verbindung in deinen Gedanken zunächst einfach vor. Wie fühlt sich der Kontakt mit deinem Wesen an? Wenn du möchtest, kannst du eine Hand auf die Stelle legen und dein Wesen liebevoll mit einem »Hallo« begrüßen.

- Wenn du einen deutlichen Kontakt mit deinem Wesen spürst, dann stelle dir außerhalb deiner Aura eine weiße Leinwand vor. Auf der Leinwand zeigt sich ein Bild von deinem Wesen. Wie sieht dieses Bild aus? Laß ein Bild entstehen, aber bewerte nicht. Hast du eine Frage an dein Wesen oder möchte dir dein Wesen etwas sagen oder zeigen? Nimm an, was kommt, und bedanke dich für den Kontakt und die Informationen.

- Hole abschießend in deiner Vorstellung dieses Bild von der Leinwand in deine Sonne und laß die wesentliche Energie von dort aus in dein feinstoffliches Energiefeld und in deinen Körper strömen. Atme ruhig und tief und löse dich dann langsam aus der Konzentration.

## Sammeln der eigenen Wesensenergie

**Intention der Übung**

Durch diese Übung kannst du erfahren, ob und wie stark du mit deiner Wesensenergie in Verbindung stehst. Du kannst spüren, wo Teile deiner Wesensenergie gerade sind (z. B. im Büro oder in deiner Beziehung) und so viel davon zu dir zurückholen, wie du im Augenblick möchtest.

**Affirmation**

Ich bin ganz in Kontakt mit meiner wesentlichen Energie.

**Übungsablauf**

- Setze dich bequem und aufrecht auf einen Stuhl und laß deine Energie fließen. Verbinde dich mit der Erde und schreibe deinen Namen und das Datum von heute in diese Erdung.

- Gehe mit deiner Aufmerksamkeit nach innen und nimm in deinem Körper oder innerhalb deiner Aura Kontakt mit deiner Wesensenergie auf. Wo kannst du diese Energie wahrnehmen und wie fühlt sich das für dich an? Hast du ein Bild von deinem Wesen und wie sieht es aus? Begrüße dein eigenes Wesen mit einem »Hallo«.

- Spüre in deinem Inneren, welchen Anteil deine Wesensenergie im Augenblick ausmacht (z. B. in Prozent von 1 bis 100). Wo ist der Rest deiner Wesensenergie? Vielleicht noch bei deiner Arbeit oder bei der Partnerin?

- Stelle dir in deiner Sonne einen »Wesensenergie-Magneten« vor, der die Fähigkeit besitzt, Wesensanteile, die nicht bei dir selbst sind, zu dir zurückzuholen. Vielleicht ist noch Energie in Beziehungen, in der Familie oder in der Gesellschaft verblieben. Hole in deiner Vorstellung deine Energie ganz zu dir zurück und laß sie von der Sonne aus in deine Aura und deinen Körper fließen.

- Überprüfe erneut, welchen Anteil deine Wesensenergie jetzt ausmacht und spüre, wie du dich nun fühlst. Wenn du möchtest, kannst du mit dem Magneten solange Energie zu dir zurückholen, bis du dich wirklich gut fühlst. Löse dich dann langsam aus der Konzentration.

**Anmerkung**

Manchmal kann es – insbesondere während schwieriger Lebensphasen (z. B. bei einem Todesfall oder einer Trennung) – dazu kommen, daß nur ein sehr geringer Wesensanteil im Körper oder in der Aura vorhanden ist. Es braucht dann möglicherweise längere Zeit und etwas Geduld, wieder in spürbaren Kontakt mit dem eigenen Wesen zu kommen. Es kann dann auch hilfreich oder notwendig sein, in einem Reading oder Healing den Wesenskontakt wieder aufzubauen oder den Prozeß zu unterstützen.

## Wesenszeit und Persönlichkeitszeit

**Intention der Übung**

Es kann vorkommen, daß die Zeit, in der sich unser Wesen befindet, nicht ganz mit der Persönlichkeitszeit übereinstimmt. Dadurch kann es zu Verunsicherung, Antriebslosigkeit oder Streß kommen. Durch diese Übung kannst du herausfinden, ob deine Wesenszeit mit deiner

Persönlichkeitszeit übereinstimmt und ob es sich für dich gut anfühlt, die beiden Zeiten anzugleichen.

**Affirmation**

Ich bin ganz im »Jetzt und Hier« und bringe meinen Wesensanteil und meinen Persönlichkeitsanteil zueinander.

**Übungsablauf**

- Setze dich bequem auf einen Stuhl, dein Rücken ist gerade, der Kopf leicht nach vorne geneigt. Beide Füße sind, etwa in Schulterbreite, auf den Boden aufgesetzt. Dein Körper ist entspannt, und deine Aufmerksamkeit ist mit geschlossenen Augen nach innen gerichtet. Verbinde dich mit der Erde, so daß es sich für dich in diesem Augenblick gut anfühlt. Gehe nun mit der inneren Aufmerksamkeit ins Zentrum deines Kopfes und atme tief und ruhig.

- Visualisiere außerhalb deiner Aura eine weiße Leinwand. Laß auf der Leinwand ein Bild von einer Uhr entstehen. Diese Uhr zeigt dir zunächst deine momentane Persönlichkeitszeit an. Wie spät ist es und was für ein Datum zeigt die Uhr an?

- Wenn du deine Persönlichkeitszeit auf der Uhr gesehen hast, dann laß das Bild gehen. Visualisiere auf der Leinwand eine weitere Uhr. Diese Uhr zeigt dir deine Wesenszeit an. Wie spät ist es jetzt und welches Datum zeigt diese Uhr?

- Unterscheiden sich die beiden Zeiten? Wenn ja, in welcher Weise? Ist die Persönlichkeitszeit z. B. deiner Wesenszeit voraus oder ist es umgekehrt? Bist du mit beiden Zeiten überhaupt im »Jetzt und Hier« oder ist eine der Zeiten z. B. noch im Gestern oder schon im Morgen?

- Visualisiere anschließend beide Uhren nochmals auf der Leinwand. Verbinde die Uhren einzeln mit der Erde. Schreibe das Datum von heute und auch deinen Namen in beide Erdungen. Verändert sich die

Zeit auf einer der Uhren? Wenn es sich gut für dich anfühlt, dann kannst du in deiner Vorstellung die Zeiten der Uhren teilweise oder ganz aneinander angleichen. Gibt es für dich noch Hinweise, die du beachten solltest?

- Wenn sich beide Uhrzeiten für dich richtig anfühlen, dann hole zum Schluß das Bild von der Leinwand in deine Sonne und laß es von dort aus in dein Energiefeld und in deinen Körper fließen. Erde dich abschließend und atme ein paar Minuten ruhig und tief durch. Löse dich aus der Konzentration.

**Anmerkung**
Indem du nacheinander in deiner Vorstellung Uhren für deine Persönlichkeitszeit und deine Wesenszeit visualisierst, zeigen sich diese Uhren automatisch mit den entsprechenden Zeiten auf dem Bildschirm. Du weißt von selbst, welche Uhr zu welchen Anteilen in dir gehört. Vertraue deiner Wahrnehmung und deiner Intuition.

## Kontakt mit einem anderen Menschen auf Wesensebene (Übung zu zweit)

**Intention der Übung**
In dieser Übung nehmen wir Kontakt mit unserem eigenen Wesen und dem Wesen eines anderen Menschen auf. Hierdurch können wir uns selbst und dem anderen mit mehr Offenheit und Verständnis begegnen. Es wird leichter, die Einzigartigkeit und Besonderheit dieser Person zu erkennen und ihr ohne Urteile zu begegnen. Durch den Wesenskontakt fühlen wir uns wirklich gesehen.

**Affirmation**
Ich bin mit mir selbst und anderen Menschen auf Wesensebene in Kontakt.

**Übungsablauf**

- Beide Personen sitzen sich in etwa zwei Meter Entfernung gegenüber. Beide spüren ihren eigenen Raum und ihren eigenen Körper. Der Rücken ist gerade und der Kopf ist leicht nach vorne geneigt. Die Füße sind, etwa in Schulterbreite, auf den Boden aufgesetzt. Die Aufmerksamkeit ist nach innen gerichtet.

- Verbindet euch mit der Erde und macht euren eigenen Raum klar und deutlich. Öffnet die Augen und begrüßt euch in der uns gewohnten Weise mit einem laut ausgesprochenen »Hallo (Vorname)«.

- Dann schließt beide die Augen und geht mit eurer Aufmerksamkeit nach innen. Atmet für ein paar Minuten tief und ruhig in eure Körper hinein. Mit dem Fluß der Atmung kommt ihr nun automatisch an einen Ort im Körper, wo ihr den Kontakt mit eurem eigenen Wesen deutlich spüren könnt. Vielleicht liegt dieser Ort nahe bei eurem Herzen oder im Bauch. Wertet nicht, sondern laßt einfach die entsprechende Stelle vor euer inneres Auge treten.

- Sobald ihr in Kontakt mit dem eigenen Wesen getreten seid, begrüßt ihr in eurem Inneren still und vom eigenen Wesen aus eure Partnerin mit einem »Hallo Wesen von ...« (Vor- und Zunahme).

- Wie fühlt es sich für euch an, auf Wesensebene Kontakt mit einer anderen Person aufzunehmen, und wie ist es, auf Wesensebene von einem anderen Menschen begrüßt zu werden? Ihr könnt beides nacheinander ausprobieren und euch ausreichend Zeit dafür lassen. Was passiert hierbei? Wie fühlt es sich an? Kennt ihr dieses Gefühl oder ist es euch völlig fremd? Welche Reaktionen und Emotionen treten auf? Abschließend bedankt ihr euch innerlich für den Wesenskontakt. Wenn ihr wollt, könnt ihr kurz über eure Erfahrungen sprechen.

# Kontakt mit dem eigenen Kontrolleur

## Intention der Übung

Im Laufe des Lebens auf der Erde haben wir alle einen inneren Kontrolleur oder Analysator entwickelt. Häufig ist er uns ein wichtiger Ratgeber, oftmals verhindert diese Kontrollinstanz jedoch auch, daß wir uns ganz auf eine Situation einlassen oder unserer Intuition vertrauen können. In dieser Übung nimmst du Kontakt mit deinem Kontrolleur bzw. Analysator auf, wodurch du mehr und mehr lernst, ihm nur so viel Raum zuzugestehen, wie du tatsächlich möchtest.

## Affirmation

Ich kann jederzeit selbst bestimmen, wieviel Platz mein innerer Kontrolleur bekommt.

## Übungsablauf

- Setze dich bequem auf einen Stuhl, dein Rücken ist gerade, der Kopf leicht nach vorne geneigt. Beide Füße sind, etwa in Schulterbreite, auf den Boden aufgesetzt. Dein Körper ist entspannt, und deine Aufmerksamkeit ist nach innen gerichtet. Atme ruhig und tief. Verbinde dich mir der Erde und sammle deine Energie in deiner Sonne.

- Stelle innerlich eine Verbindung mit deinem Wesen her und frage es, wo es in deinem Körper oder in deinem Energiesystem einen Kontrolleur gibt. Wo befindet sich der Kontrolleur jetzt? Wie sieht er aus und was tut er? Nimm Kontakt mit deinem Kontrolleur auf und frage ihn selbst, was er heute für eine Aufgabe bzw. Funktion für dich zu erfüllen hat.

- Welchen Prozentanteil auf einer Skala von 1 bis 100 nimmt diese Kontrollinstanz bei dir ein? Frage dann dein Wesen, wieviel Prozent sich für dich jetzt gut anfühlen würden. Richte die Skala in deiner Vorstellung entsprechend ein. Du kannst mit den Prozentanteilen deiner Kontrollinstanz experimentieren und sie in jeder Situation von neuem verändern.

**Anmerkung**

Vielleicht gibt es für dich ja Bereiche (z. B. in der Arbeit oder im Straßenverkehr), in denen du mehr Kontrolle brauchst. Bei kreativer oder spiritueller Arbeit ist es meist hilfreich, den Kontrollmechanismus etwas zu verringern, so daß du deiner Inspiration oder deinen schöpferischen Ideen leichter folgen kannst. Achte darauf, daß du gut geerdet bist.

## Vertrauensübung

**Intention der Übung**

Durch diese Übung kannst du Kontakt mit dem Vertrauen der Erde aufnehmen. Du wirst sehen, wie sich dieses Erdvertrauen bzw. Urvertrauen für dich anfühlt und in welchen Bereichen deines Körpers und des feinstofflichen Energiefeldes das Vertrauen bisher nicht frei fließen kann. Nach und nach bekommst du mehr Zugang und Vertrauen in die Erde, wodurch auch das Vertrauen in dich selbst stärker wird.

**Affirmation**

In der Erde finde ich das Vertrauen, das ich brauche.

**Übungsablauf**

- Setze dich bequem auf einen Stuhl, dein Rücken ist gerade, der Kopf leicht nach vorne geneigt. Beide Füße sind, etwa in Schulterbreite, auf den Boden aufgesetzt. Dein Körper ist entspannt, und deine Aufmerksamkeit ist nach innen gerichtet. Verbinde dich auf deine eigene Art und Weise mit der Erde. Gib dir mit den Händen eine kurze Fußmassage und öffne dabei deine Fußchakras ein wenig mehr.

- Stelle dir vor, daß aus deinen Füßen Wurzeln in die Erde hineinwachsen. Laß die Wurzeln tiefer und tiefer in die Erde und durch alle Erdschichten hindurchgehen bis du, ganz von selbst, zu der Erdschicht vorgedrungen bist, die für dich Erdvertrauen ausstrahlt. Versuche dabei, nicht zu viel zu denken oder zu analysieren, sondern vertraue deiner Wahrnehmung und deinen Gefühlen. Sie wissen genau, wo dieses Erdvertrauen ist und auch, wie es sich für dich anfühlt. Wie sieht diese Erdschicht für dich aus? Hat sie bestimmte Farben oder eine bestimmte Konsistenz? Beobachte einfach ohne zu bewerten.

- Laß nun das Vertrauen aus der Erde durch deine eigenen Wurzeln bis in deine Fußchakras kommen und unterstütze den Prozeß, indem du bewußt atmest. Langsam fließt nun das Erdvertrauen durch deine Füße, Fußknöchel, Waden, Knie bis zu deinen Oberschenkeln, dem Becken, den inneren Organen, der Wirbelsäule, dem Nacken, den Armen und den Händen, so daß dein ganzer Körper mit dieser Energie aufgefüllt wird. Gleichzeitig fließt das Vertrauen in all deine Chakras. Von deinem Kronchakra aus strömt dann die Erdenergie zu deiner Sonne, und von hier aus wird deine gesamte Aura mit Vertrauen ausgefüllt.

- Beobachte dabei, wo in deinem Körper und in deinem Energiesystem das Erdvertrauen leicht fließt und in welchen Bereichen wenig oder gar kein Energiefluß möglich ist. Vergiß das Atmen nicht.

- Wiederhole nun die Übung nochmals und stelle dir dabei vor, daß die Vertrauensenergie der Erde auch in die Bereiche von Körper und Energiefeld eindringt, in denen bisher nur wenig oder kein Energiefluß spürbar war. Atme ruhig und tief in diese Bereiche hinein und stelle dir vor, daß die Erdenergie, ganz wie von selbst, die alten und nicht mehr benötigten Bilder und Blockaden löst. Laß alles, was du im Augenblick nicht mehr benötigst, durch deine Wurzeln in die Erde abfließen. Fülle anschließend deinen Körper und dein Energiesystem mit unbelasteter und freier Vertrauensenergie aus der Erde auf.

- Laß abschließend deine eigene Energie von deiner Sonne aus in alle Bereiche deines Körpers, deiner Chakras und deiner Aura fließen und fülle dich ganz damit aus. Löse dich dann langsam aus der Konzentration.

## Der eigene Kraftort

**Intention der Übung**

In dieser Übung kannst du Kontakt mit deinem persönlichen Kraftort aufnehmen. Du erfährst, wie es an diesem Platz aussieht und welche Aspekte ihn für dich ausmachen. Du kannst dich jederzeit hierhin zurückziehen und dich mit unbelasteter und neuer Energie auffüllen. An deinem Kraftort kannst du dich jederzeit uneingeschränkt wohlfühlen und zur Ruhe kommen.

**Affirmation**

An meinem Kraftort fülle ich mich mit frischer Energie auf und spüre Ruhe in mir.

**Übungsablauf**

- Setze dich bequem auf einen Stuhl, dein Rücken ist gerade, der Kopf leicht nach vorne geneigt. Beide Füße stehen auf dem Boden. Dein Körper ist entspannt, und deine Aufmerksamkeit ist nach innen gerichtet. Erde dich.

- Gehe mit deiner inneren Aufmerksamkeit ins Zentrum deines Kopfes und stelle dir dann von hier aus außerhalb deiner Aura eine weiße Leinwand vor, auf der eine Landschaft erscheint. Bleibe im Zentrum deines Kopfes, während du dir die Landschaft genau ansiehst. Wie sieht es in dieser Gegend aus? Erkennst du diese Landschaft oder hast du sie noch nie zuvor gesehen? Gibt es in ihr Wald, Bäume, Wasser, Hügel oder Berge? Sind andere Menschen oder Tiere hier? Schaue dir die Landschaft eine Weile an, ohne die aufkommenden Bilder zu bewerten.

- In deiner Landschaft siehst du nun vor dir einen Weg, eine Straße oder einen schmalen Pfad. Wenn du den Weg gefunden hast, dann folge ihm in eine für dich passende Richtung. Falls du keinen Weg entdeckst, dann stelle ihn dir einfach vor. Gehe nun diesen Weg entlang und beobachte dabei, wie die Landschaft um dich herum aussieht, ob und wie sie sich verändert und wo dich dieser Weg hinführt. Bleibe mit der Aufmerksamkeit die ganze Zeit in der Mitte deines Kopfes und vergiß das Atmen nicht.

- Folge dem Weg so lange, bis du an einen ganz besonderen, wunderschönen Platz kommst. Gehe hin und schau dir diesen Ort genau an. Wie sieht es dort aus? Gibt es hier Bäume, vielleicht einen Bach oder einen See? Wie ist das Wetter, ist es Tag oder ist es bereits dunkel? Gibt es außer dir noch jemanden an dem Ort? Betrachte alles genau, und wenn du irgend etwas an diesem Ort haben möchtest, dann füge es in deiner Vorstellung einfach hinzu.

- Spüre nun in dich hinein, ob dieser Ort jetzt im Augenblick genau zu dir paßt und ob du dich hier ganz und gar wohl und sicher fühlst. Wenn du Zweifel hast, dann gehe ruhig auf deinem Weg noch ein Stück weiter, bis du den für dich passenden Ort gefunden hast.

- Suche dir eine bestimmte Stelle aus, an der du dich für eine Weile ausruhen und entspannen möchtest. Setze oder lege dich nun an dieser Stelle hin und laß alle Gedanken sich beruhigen, indem du sie einfach hochkommen und dann weiterziehen läßt. Wenn du dich ganz ruhig und entspannt fühlst, dann verbinde dich an diesem Ort mit der Erde. Hole deine eigene Energie in deine Sonne und genieße den Augenblick. Vielleicht hörst du den Wind in den Bäumen rascheln, vielleicht das Plätschern von Wasser oder das Singen eines Vogels. Vielleicht riechst du den Geruch frischen Grases oder von Erde und vielleicht spürst du die Wärme eine Frühlingsmorgens auf deiner Haut. Nimm alle Gefühle und Sinneseindrücke solange in dich auf, wie es sich schön für dich anfühlt.

- Treffe mit deinem eigenen Kraftort die Vereinbarung, daß du ihn jederzeit wieder aufsuchen kannst, um dich hier mit neuer Energie und Ruhe aufzufüllen. Nun stell dir vor, daß du dieses Bild von der Leinwand zu dir zurück in deine Sonne holst und von dort in deinen Körper und dein feinstoffliches Energiefeld eingehen läßt. Fülle dich ganz damit auf und bewahre dir das besondere Gefühl noch eine Weile. Löse dich langsam aus der Konzentration und öffne die Augen.

## Wissensübung (Übung zu zweit)

**Intention der Übung**
Bei dieser Übung nimmst du Kontakt zu deinem ursprünglichen Wissen auf. In diesem Wissen sind Informationen über die Erde und über das Leben auf der Erde gespeichert. Du erfährst, wie es sich anfühlt, von einer anderen Person aus deinem eigenen Wissen gebracht zu werden, und was bei dir passiert, wenn du jemanden aus seinem Wissen herausbringst.

**Affirmation**
Ich bin in Kontakt mit meinem Wissen.

**Übungsablauf**

- Beide Personen sitzen bequem und aufrecht auf Stühlen. Ihr sitzt euch in einiger Entfernung (etwa zwei Meter) gegenüber, jede in ihrem eigenen Raum bzw. ihrer eigenen Aura. Der Rücken ist gerade und der Kopf ist leicht nach vorne geneigt. Beide Füße stehen, etwa in Schulterbreite, auf dem Boden. Der Körper ist entspannt, und die Aufmerksamkeit ist nach innen gerichtet.

- Beide Personen verbinden sich mir der Erde, sammeln ihre Energie in der Sonne und spüren den eigenen Energieraum. Person A stellt nun, von ihrem Kronchakra aus, eine Verbindung mit dem eigenen Wissen her. Sobald diese Verbindung für Person A ganz deutlich spürbar ist, versucht Person B ihr Gegenüber durch Worte oder Gesten aus dem Wissen herauszubringen.

- Person A beobachtet hierbei, was passiert. Wie lange dauert es, bis du aus deinem Wissen gehst? Wie fühlt es sich jetzt an? Gibt es bestimmte Gefühle, Gedanken oder körperliche Reaktionen? Sind dir diese Anzeichen bekannt? Wie fühlt sich Person B? Ist es angenehm oder unangenehm, einen anderen Menschen aus dem Wissen zu bringen? Ist dieses Gefühl bekannt?

- Wenn es genug ist, lösen beide Personen den Kontakt bzw. die Anspannung. Jede Person reinigt jetzt für sich selbst die in der Übung aufgetretenen Emotionen, Bilder und Gedanken mit »Staubsaugerrosen«. Hierbei ist es wichtig, jede Auraschicht und auch das Kronchakra mit den Rosen zu säubern.

- Anschließend füllen sich beide von der Sonne aus erneut mit frischer Energie auf und verbinden sich erneut mit der eigenen Erdung. Dann kann die Übung mit vertauschten Rollen wiederholt werden. Zum Schluß könnt ihr euch kurz über eure Erfahrungen austauschen.

## Kontakt mit »Supreme Being«

### Intention der Übung

In dieser Übung trittst du in Verbindung mit einer sehr hohen kosmischen Energie, in der sehr viel Information und Wissen über die Erde gespeichert ist. Wir bezeichnen diese Energieform als »Supreme Being«. Du kannst durch diesen Kontakt sehr viel Wissen und Informationen über die Erde und das Leben auf der Erde bekommen.

### Affirmation

Ich bin in Verbindung mit der Energie des Universums.

### Übungsablauf

- Setze dich bequem auf einen Stuhl, dein Rücken ist gerade, der Kopf leicht nach vorne geneigt. Beide Füße sind, etwa in Schulterbreite, auf den Boden aufgesetzt. Dein Körper ist entspannt, und deine Aufmerksamkeit ist nach innen gerichtet. Erde dich und verbinde dich mit deiner Sonne.

- Gehe nun mit deiner inneren Aufmerksamkeit zu deinem Kronchakra und stelle von dort aus Kontakt mit deinem ursprünglichen Wissen her. Verbinde dieses Wissen mit deiner Sonne. Atme tief ein und aus.

- Visualisiere nun eine energetische Verbindungslinie von deinem Kronchakra zu deiner Sonne und von dort aus zum »Supreme Being«. Atme tief und ruhig in diese Energielinie hinein. Wie sieht diese Verbindungslinie im Augenblick für dich aus? Beobachte.

- Laß jetzt Energie vom »Supreme Being« durch die visualisierte Verbindungslinie in deine Sonne, dein Kronchakra und von dort aus in deine Aura und deine Chakras hineinfließen. Spüre, wie es sich für dich anfühlt, in eine Verbindung mit dieser kosmischen Energie zu treten. Fülle dich ganz damit aus und vergiß das Atmen nicht.

- Hast du eine Frage oder einen Wunsch an das »Supreme Being«? Öffne dich für die Antwort oder für das Geschenk, das du bekommst. Löse dich langsam aus deiner Konzentration.

**Anmerkung**
Wenn du möchtest, kannst die Verbindungslinie von deinem Kronchakra zum »Supreme Being« malen. Wiederhole diese Übung, vor allem dann, wenn du spezielle Fragen zu dem Leben auf der Erde hast. Es kann sein, daß sich diese Verbindungslinie mit der Zeit verändert.

# Energetische Reinigung

## Reinigung des feinstofflichen Energiesystems

### Intention der Übung

Als erwachsener Mensch hast du die Freiheit, nicht mehr benötigte Gedanken und Gefühle sowie alte Muster im feinstofflichen Energiesystem loszulassen oder sie an deine jetzige Situation anzupassen. Indem du dir der Beeinträchtigung gewahr wirst, wird es dir möglich, dich von ihr ganz oder teilweise zu befreien.

### Affirmation

Ich befreie mich von alten oder nicht mehr benötigten Gefühlen, Gedanken und Energien.

### Übungsablauf

- Setze dich bequem auf einen Stuhl, dein Rücken ist gerade, der Kopf leicht nach vorne geneigt. Beide Füße sind, etwa in Schulterbreite, auf den Boden aufgesetzt. Dein Körper ist entspannt und deine Aufmerksamkeit ist nach innen gerichtet. Atme ruhig.

- Nimm Kontakt mit deiner Erdung auf und mach sie so, daß sie sich gut für dich anfühlt. Schreibe das Datum von heute sowie deinen Namen in die Erdung. Geh nun mit deiner inneren Aufmerksamkeit zu deiner Sonne und spüre, wie der Energiefluß von Erde und Kosmos deinen Körper, deine Chakras und deine Aura ausfüllt.

- Beobachte, welche Gedanken und Gefühle in dein Bewußtsein kommen. Laß sie zunächst einfach an dir vorbeiziehen, ohne sie

festzuhalten. Gibt es Gedanken oder Gefühle, die dich daran hindern, ganz in diesem Augenblick und ganz du selbst zu sein? Beobachte, wo in deinem Körper, in deinen Chakras oder in deiner Aura Energien sitzen, die dich daran hindern, ganz im »Jetzt und Hier« und somit ganz du selbst zu sein.

- Stell dir nun vor, daß vor dir eine große Vase mit Rosen steht, aus der du eine bestimmte Rose herausnimmst. Du begleitest diese Rose in deiner Vorstellung bzw. mit deinen Händen zu dem Ort in deinem Körper, deiner Aura oder zu einem deiner Chakras, in dem die Gedanken, Gefühle oder Glaubenssätze sitzen, die dich daran hindern, ganz in dir selbst zu sein. Die Farbe und Größe der Rose kannst du selbst bestimmen und immer wieder so verändern, daß es sich für dich gut anfühlt.

- Stell dir nun vor, daß diese Rose alles Alte oder Überflüssige wie ein Staubsauger aufnimmt und durch all die nicht mehr benötigte Energie zu wachsen beginnt. Sobald die erste Rose ganz voll von Energie ist, laß sie außerhalb deiner Aura mit einem lauten Knall explodieren.

- Wiederhole diesen Reinigungsvorgang solange, bis du das Gefühl hast, daß in deinem Körper, deiner Aura und in deinen Chakras keine unnötigen Energien mehr vorhanden sind.

- Fülle zum Schluß deinen Körper, die Chakras und die Aura mit freier, transformierter Energie aus deiner eigenen Sonne auf, so daß alles, was du losgelassen hast, vollständig durch neue Energie ersetzt wird. Du kannst hierzu bestimmte Farben wählen und den Energiefluß mit deinen Händen unterstützen.

- Atme noch eine Weile ruhig und tief durch und spüre, wie sich deine Verbindung mit der Erde und dem Kosmos anfühlt. Löse dich langsam aus der Konzentration und bewege deinen Körper.

## Reinigung der Energien im Körper

**Intention der Übung**

Durch diese Übung kannst du alte und nicht mehr benötigte Energien, die sich in den Knochen oder Gelenken deines Körpers angesammelt haben, wahrnehmen und nach und nach auflösen. Häufig befinden sich alte, oft auch karmische Ablagerungen in den Gelenken von Händen und Füßen sowie in den Fuß-, Hand- und Arm- und Beinknochen. Diese Übung hilft dir, diese Ablagerungen zu mobilisieren und mit neuer, unbelasteter Energie aufzufüllen. Häufig liegt hier die Ursache dafür, daß die Energie im Körper nicht frei und ungehindert fließen kann und die Körperfunktionen und das Wohlsein eingeschränkt sind.

**Affirmation**

Ich lasse alles Alte und Überflüssige aus meinem Körper gehen.

**Übungsablauf**

- Setze dich bequem auf einen Stuhl, dein Rücken ist gerade, der Kopf ist leicht nach vorne geneigt. Beide Füße sind, etwa in Schulterbreite, auf den Boden aufgesetzt. Dein Körper ist entspannt, und deine Aufmerksamkeit ist nach innen gerichtet.

- Spüre den Kontakt deiner Füße mit den Fußboden und gehe mit deiner Aufmerksamkeit zu deinen Fußchakras. Stell dir nun vor, daß du die Fußchakras größer machst und etwas öffnest.

- Visualisiere einen kleinen gelben Ball etwa in der Größe einer Murmel oder eines Tischtennisballes, der aus der Erde in das Fußchakra deines rechten Fußes eintritt. Dieser kleine Ball kann, ähnlich wie die »Staubsaugerrosen«, alles Alte, Blockierte oder Überflüssige spüren und von selbst aus den Knöcheln und Gelenken deines Fußes herauslösen und in sich aufnehmen.

- Laß den Ball in deiner Vorstellung langsam durch den Fuß wandern und währenddessen überflüssige oder veraltete Energie, z. B. auch zwischen den Zehen und am Spann, mitnehmen. Vergiß das Atmen nicht. Der Ball rollt weiter durch die Wade, das Schienbein, das Knie und den Oberschenkel bis hoch zum Steißbein. Von hier aus geht sein Weg weiter zum linken Bein, bis hinunter zum Fuß. Er nimmt auch hier, wie von selbst, alles in sich auf, was du nicht mehr brauchst oder was dich behindert.

- Laß abschließend diesen Ball durch das Fußchakra des linken Fußes in die Erde abgehen. Dort gibt er die angesammelten Energien ab. Die Erde bewertet die Energien nicht.

- Stell dir nun einen grünen Ball vor, der aus der Erde wiederum in das Fußchakra deines rechten Fußes wandert und transformierte und freie Energie aus der Erde für dich mitbringt. Fülle damit alle Räume, aus denen zuvor energetische Ablagerungen entfernt wurden. Laß nun diesen Ball durch deine Verbindung mit der Erde gehen und fühle wie deine Füße und Beine von der Erde aus mit einem neuen Energiefluß durchströmt werden.

- Wiederhole dieselbe Übung mit deinen Händen und Armen. Du läßt die Bälle aus der Erde durch das geöffnete Handchakra der rechten Hand eindringen und dann langsam durch die Hand, den Arm, Ellbogen hinauf bis zur Schulter, dem Nacken und von dort hinunter zur linken Hand gehen. Die Bälle gehen anschließend durch das Handchakra der linken Hand in die Erde ab.

- Beende die Übung, indem du dich von deiner Sonne aus vollständig mit frischer und unbelasteter Energie auffüllst. Laß die Energie auch in deinen Körper hineinströmen. Vielleicht hat diese Energie für dich jetzt ein bestimmte Farbe oder vielleicht einen bestimmten Klang, der dir hilft, das abgegebene Alte durch Neues zu ersetzten. Löse dich langsam aus deiner Konzentration, bewege Arme und Beine und geh ein wenig durch den Raum. Spüre dabei, wie du dich jetzt fühlst.

**Anmerkung**

Du kannst diese Übung verändern, indem du die Farben der Bälle so wählst, wie es sich für dich gerade gut anfühlt. Probiere aus, wie die unterschiedlichen Farben auf dich wirken. Ebenso kannst du die Übung auch verändern, indem du verschiedene Farben aus der Erde kommen läßt oder indem du die Reinigung durch Singen oder Tönen bereicherst. Weiterhin können die »Reinigungsbälle« auch im Rücken-, Kopf oder Nackenbereich alte energetische Spannungen lösen. Auch hierbei kommen die Bälle aus der Erde und fließen wieder in die Erde ab. Vergiß nicht, dich abschließend wieder ganz mit freier und transformierter Energie aus deiner Sonne aufzufüllen, da diese energetischen »Lücken« leicht mit fremder Energie bzw. neuen Glaubenssätzen und Bildern aufgefüllt werden können.

## Reinigung der Knochen

**Intention der Übung**

Oftmals sind alte Ablagerungen oder Energien in unseren Knochen und Gelenken gespeichert. Durch diese Übung kannst du erfahren, in welchen Bereichen des Knochenbaus solche Ablagerungen bei dir vorhanden sind. Du kannst diese Körperbereiche reinigen und mit neuer Energie auffüllen.

**Affirmation**

Ich löse mich von alten und nicht mehr benötigten Ablagerungen in meinen Knochen.

**Übungsablauf**

- Setze dich bequem auf einen Stuhl, dein Rücken ist gerade, der Kopf leicht nach vorne geneigt. Beide Füße stehen, etwa in Schulterbreite, auf dem Boden. Dein Körper ist entspannt, und deine Aufmerksamkeit ist mit geschlossenen Augen nach innen gerichtet. Fülle dich mit der Energie von Erde und Kosmos ganz aus.

- Gehe mit deiner Aufmerksamkeit in deinen physischen Körper hinein und laß dich von deiner Intuition zu den Bereichen deines Knochenbaus führen, in denen alte Ablagerungen oder Energien festsitzen. Begrüße diese Stellen mit einem »Hallo«.

- Stelle dir nun vor, daß es irgendwo im Kosmos, weit oberhalb deiner eigenen Sonne, einen Ort gibt, der alles über Energieansammlungen im Knochensystem der Menschen weiß. Von diesem Ort holst du dir jetzt das richtige »Lösungsmittel« für diese Ablagerungen. Du kannst dir dabei eine bestimmte Farbe oder eine spezielle Substanz vorstellen (z. B. einen Allzweckreiniger für Knochenablagerungen).

- Laß dieses »Reinigungsmittel« jetzt vom Kosmos aus durch deine Sonne in alle Bereiche deines Knochensystems eindringen, in denen Ablagerungen vorhanden sind. Automatisch werden alle Ablagerungen (bewußt oder nicht bewußt) von dem Lösungsmittel durchdrungen. Nicht mehr benötigte Energien fließen mit der Reinigungssubstanz in die Erde ab.

- Wiederhole den Vorgang mehrmals. Wenn du das Gefühl hast, daß der Reinigungsprozeß abgeschlossen ist, dann bedanke dich bei der »kosmischen Reinigungsfirma« für ihre Hilfe und fülle dich und dein ganzes Knochensystem mit deiner eigenen Energie aus deiner Sonne auf. Löse dich langsam aus der Konzentration.

## Reinigung eines Körperteils oder Organs durch Tönen

### Intention der Übung

In dieser Übung erfährst du, wie du mit Hilfe des Kehlchakras und deiner Stimme in schmerzende oder angespannte Körperteile hineinspüren kannst. Weiterhin kannst du mit Hilfe des Klangs deiner Stimme positive und selbstheilende Schwingungen in das erkrankte oder verspannte Körperteil senden.

**Affirmation**
Mit Hilfe meiner Stimme kann ich körperliche Schmerzen loslassen.

**Übungsablauf**

- Lege dich auf eine Decke auf den Boden. Geh mit deiner Aufmerksamkeit nach innen und verbinde dich mit der Erde. Spüre in deinen Körper hinein, wo es eine Stelle gibt, die im Augenblick Schmerzen oder Verspannungen hat. Geh mit deiner Konzentration in diesen Körperteil hinein. Stelle in deiner Vorstellung eine energetische Verbindungslinie zwischen diesem Körperteil und deinem Kehlchakra und von dort zur Mundöffnung her.

- Laß in dem verspannten oder schmerzenden Körperteil einen passenden Klang entstehen, den du für eine Weile laut tönst. Laß den Klang aus dem Schmerz heraus fließen und beobachte, was du spürst.

- Mache dir jetzt außerhalb deiner Aura auf einer weißen Leinwand ein Bild von diesem Körperteil, aber jetzt in völlig gesundem Zustand. Ziehe von dem Bild auf der Leinwand aus eine Verbindungslinie zu deinem schmerzenden oder verspannten Körperteil. Laß zu dem gesunden Körperteil aus deinem Kehlchakra eine lauten Ton kommen, den du für eine Weile tönst. Beobachte, wie es sich diesmal anfühlt.

- Hole abschließend das Bild von der Leinwand in deinen schmerzenden Körperteil hinein und verbinde dieses neue Bild mit der Erde. Atme ruhig und tief. Löse dich langsam aus deiner Konzentration.

**Anmerkung**
Du kannst diese Übung mit jedem Körperteil oder auch mit inneren Organen machen. Laß dir Zeit dabei und genieße den Klang deiner Stimme.

# Reinigung der Traumenergie

**Intention der Übung**

Manchmal sind wir morgens beim Erwachen noch sehr mit unserem Träumen beschäftigt. Es gibt Träume, über die wir gerne noch einen Augenblick in Ruhe sinnieren, andere Träume belasten uns jedoch sehr. Durch diese Übung kannst du dich bewußt mit deinem Traum auseinandersetzen und dich, wenn du möchtest, von ihm verabschieden.

**Affirmation**

Ich setze mich mit meinen Träumen auseinander.

**Übungsablauf**

- Wenn du dich mit deinem Traum auseinandersetzen willst, dann laß dir beim Aufwachen etwas Zeit. Bleibe noch für eine Weile im Bett liegen und laß die Augen geschlossen. Stelle dir eine Farbe oder einen Geruch vor, der zu deinem Traum gehört. Wo befindet sich die Farbe oder der Geruch?

- Stelle dir vor, daß sich die Farbe oder der entsprechende Geruch außerhalb deiner Aura befinden und erde sie. Mache von hier aus eine Verbindung zum Kosmos und zu deinem Nabelchakra. Dieses Energiezentrum steht in Zusammenhang mit deiner Lebensenergie. Verbinde die energetische Linie von der Traumfarbe zum Nabelchakra mit der Erde und ebenfalls mit dem Kosmos.

- Wenn du möchtest, kannst du die Farbe oder den Geruch mit der Verbindung zu deinem Nabelchakra in die Erde gehen lassen. Du kannst sie jedoch auch belassen und mit in den Tag nehmen.

**Anmerkung**

Vor dem Einschlafen kannst du dir, wenn du dich nochmals mit deinem Traum auseinandersetzen willst, die gleiche Farbe oder denselben Geruch wieder außerhalb deiner Aura vorstellen und sie dieses Mal entsprechend mit der Traumwelt verbinden. Du kannst es auch mit einer anderen Farbe oder einem anderen Geruch versuchen.

## Reinigung der Wachtraumenergie

**Intention der Übung**

Viele von uns kennen es, in wachem Zustand in eine Art Traumwelt zu gehen. Dieses »Wachträumen« tritt meistens schon früh in der Kindheit auf und hatte zu jener Zeit für das Kind auch eine bestimmte Funktion. In dieser Übung bekommst du bewußten Zugang zu deiner Art des »Wachträumens« und auch zu den Ursachen davon.

**Affirmation**

Ich erhalte bewußten Zugang zu meinen »Wachträumen«.

**Übungsablauf**

- Setze dich bequem auf einen Stuhl, dein Rücken ist gerade, der Kopf leicht nach vorne geneigt. Beide Füße stehen auf dem Boden. Dein Körper ist entspannt, und deine Aufmerksamkeit ist nach innen gerichtet. Fülle dich mit der Energie von Erde und Kosmos ganz aus.

- Frage dich innerlich, ob du den Zustand des Wachträumens kennst. Wohin gehst du, wenn du in wachem Zustand zu träumen beginnst? Warum tust du das? Kannst du dich daran erinnern, wann du das zum ersten Mal gemacht hast? Gab es dabei andere Menschen, Tiere oder andere Wesen?

- Stelle dir jetzt außerhalb deiner Aura eine weiße Leinwand vor. Visualisiere auf dieser Leinwand das Bild deines ersten »Wachträumens«. Verbinde dieses Bild in deiner Vorstellung mit der Erde und gib dem Bild auch eine Sonne. Schreibe das Datum von heute in Erdung und Sonne. Stehe von deinem Stuhl auf und gehe in das Bild hinein. Spüre einen Augenblick lang, wie es sich hier in diesem Bild heute für dich anfühlt.

- Gehe nun wieder aus dem Bild heraus und setze dich auf den Stuhl. Laß das Bild und all die damit verbundenen Gefühle und Gedanken los. Du kannst das Bild zum Beispiel in seine Erdung abfließen lassen oder es einfach in den Kosmos schicken. Löse dich aus deiner Konzentration.

### Anmerkung

In dieser Übung soll das »Wachträumen« nicht generell bewertet oder vermieden werden. Es geht vielmehr darum, dir als erwachsener Mensch bewußt zu werden, wann und warum du in wachem Zustand in einen traumähnlichen Zustand gehst. In bestimmten Situationen ist es wichtig, diese Mechanismen zu kennen und ihnen gegebenenfalls entgegenzuwirken (z. B. im Straßenverkehr).

## Loslassen alter Überzeugungen und Glaubenssätze

### Intention der Übung

Wir alle haben im Laufe unseres Lebens eine ganze Reihe von Glaubenssätzen und Überzeugungen entwickelt. Oft hindern sie uns, frei zu sein und uns entsprechend verhalten zu können. Wir setzen uns selbst durch alte Überzeugungen und festgelegte Gedanken unter Druck, auch wenn sie mit unseren jetzigen Überzeugungen und unserem heutigen Wissen nicht mehr übereinstimmen. In dieser Übung läßt du einige der veralteten Überzeugungen los, wodurch du mehr und mehr in Kontakt mit deiner eigenen Freiheit kommen kannst.

### Affirmation

Ich bin frei, alte und nicht mehr benötigte Verhaltensweisen und Gedanken zu verändern und loszulassen.

### Übungsablauf

- Setze dich bequem auf einen Stuhl, dein Rücken ist gerade, der Kopf leicht nach vorne geneigt. Beide Füße stehen, etwa in Schulterbreite, auf dem Boden. Dein Körper ist entspannt, und deine Aufmerksamkeit ist ins Zentrum deines Kopfes gerichtet. Atme tief ein und aus, erde dich und verbinde dich mit deiner Sonne. Schreibe das Datum von heute und deinen Namen in Erdung und Sonne.

- Stelle dir außerhalb deiner Aura einen leeren Karton vor. Frage dich, was dich im Augenblick davon abhält, ganz frei zu sein. Formuliere einen Satz, der mit »Ich muß …« beginnt. Zum Beispiel: »Ich muß jeden Tag Schokolade essen.« Laß diesen Satz in den Karton gehen. Formuliere weitere Sätze mit »Ich muß …« und laß sie nacheinander in den Karton gehen.

- Wenn du das Gefühl hast, daß alle Glaubenssätze und Gedanken, die dich in deiner Freiheit behindern, in dem Karton sind, dann stelle dir vor, daß ein »kosmischer Postbeamte« den vollen Karton abholt und ihn mitnimmt. Alle Energien, die in deinen »Mußsätzen« gebunden sind, werden an den Kosmos abgegeben. Der Kosmos bewertet nicht, sondern nimmt alles auf und transformiert es. Fülle deinen Körper und deine Aura anschließend mit neuer Energie aus deiner Sonne auf. Löse dich aus der Konzentration.

**Anmerkung**
Du kannst die Übung variieren, indem du auch andere Glaubenssätze oder Bilder über dich selbst und das Leben in Sätzen formulierst und sie anschließend in den Karton abgibst (»Ich bin eine kleine graue Maus«, »Die Welt ist schlecht«, »Ich werde nicht geliebt«, »Ich kann nicht vor vielen Menschen reden« …). Hierdurch kannst du neuen Platz in deinem Energiesystem schaffen und dich mehr und mehr von alten Vorstellungen und Bildern befreien.

## Reinigung der telepathischen Kanäle

### Intention der Übung

Neben der Wahrnehmung durch die fünf Sinne (Sehen, Hören, Schmecken, Riechen und Tasten) verfügen wir alle auch über eine intuitive Wahrnehmung. Ein Großteil der intuitiven Wahrnehmung erfolgt über die telepathischen Kanäle, die sich im Kopf-, Hals- und Nackenbereich befinden. Durch diese Übung kannst du Kontakt mit diesen Kanälen aufnehmen und sie reinigen. Dadurch bekommst du mehr Zugang und mehr Vertrauen in deine intuitive Wahrnehmung.

### Affirmation

Ich öffne mich meiner Intuition.

### Übungsablauf

- Setze dich bequem und aufrecht auf einen Stuhl. Dein Körper ist entspannt, und deine Aufmerksamkeit ist nach innen gerichtet. Fülle dich mit der Energie von Erde und Kosmos ganz aus. Schreibe das heutige Datum und deinen Namen in deine Erdung und in deine Sonne.

- Verbinde dich mit deinem ursprünglichen Wissen und gehe dann mit deiner inneren Aufmerksamkeit in die Mitte deines Kopfes. Atme ruhig und tief. Stelle dir vor, daß es von deinem rechten Ohr zu deinem Stirnchakra und von dort zu deinem linken Ohr eine energetische Verbindung gibt. Wie sieht die Verbindung aus? Hat sie eine bestimmte Farbe? Wie groß ist sie? Welche Konsistenz hat sie?

- Wenn du ein deutliches Bild oder Gefühl dazu hast, dann nimm aus einer großen Vase mit Rosen, die außerhalb deiner Aura steht, eine Rose heraus. Du kannst die Farbe und Größe der Blume selbst bestimmen. Laß diese »Staubsaugerrose« in deinen telepathischen Kanal kommen und dort alles, was dich daran hindert, durch diesen Kanal wahrzunehmen, aufsaugen. Vielleicht gibt es hier Bilder oder Vorstellungen von anderen Menschen. Laß auch sie in die Rose gehen.

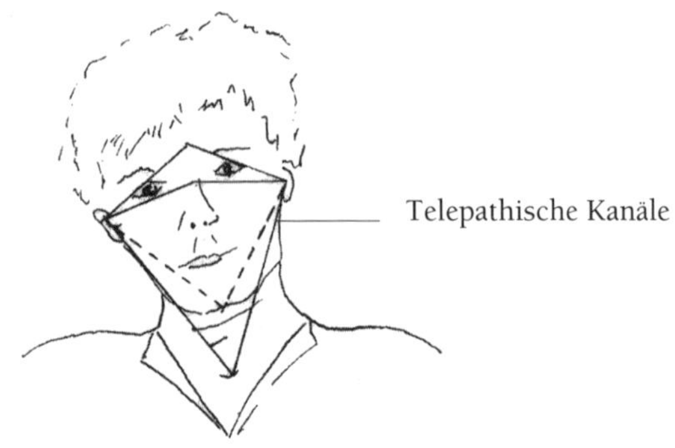


- Stelle dir nun vor, daß es von deinem rechten Ohr zu dem obersten Nackenwirbel und von dort weiter zum linken Ohr eine weitere energetische Verbindung gibt. Wie sieht diese Verbindung jetzt aus? Wie groß ist sie? Welche Konsistenz hat sie?

- Wenn du ein deutliches Bild oder Gefühl hierzu hast, dann nimm aus der Vase eine weitere Rose. Laß diese »Staubsaugerrose« in diesen telepathischen Kanal kommen und auch dort alles, was dich daran hindert, durch diesen Kanal wahrzunehmen, aufsaugen. Vielleicht gibt es auch hier Bilder oder Vorstellungen von anderen Menschen. Laß auch sie in die Rose gehen.

- Stelle dir anschließend vor, daß es von deinem rechten Ohr zum Ansatz deiner Nase, weiter zum linken Ohr und von dort hinunter zu deiner Kehle und hinauf zum rechten Ohr eine dritte energetische Verbindung gibt. Wie sieht diese Verbindung jetzt aus? Stelle dir die Farbe, die Größe und die Konsistenz genau vor.

- Mache dir auch von diesem telepathischen Kanal ein deutliches Bild oder Gefühl, nimm dann wieder eine Rose aus der Vase. Laß diese Rose in den telepathischen Kanal kommen und alles, was dich daran hindert, durch diesen Kanal wahrzunehmen, aufsaugen. Laß Bilder oder Vorstellungen von anderen Menschen ebenfalls in die Rose gehen.

- Gehe mit deiner Aufmerksamkeit in deine Hände. Stelle dir in deinen Handinnenflächen einen Magneten vor, der genauso wie die »Staubsaugerrosen« deine telepathischen Kanäle säubern kann. Gehe jetzt mit einer Hand zu deinem Kopf und stelle dir vor, daß du mit diesem Magneten alles, was noch immer deine telepathische Wahrnehmung beeinträchtigt, absaugst. Laß dir Zeit und atme dabei tief und ruhig. Wenn du damit fertig bist, dann laß die angesammelte Energie in deinen Händen außerhalb deiner Aura explodieren oder schüttle sie aus deinen Händen heraus.

- Fülle deine Aura, deinen Körper und vor allem auch die freigewordenen Stellen in deinen telepathischen Kanälen abschließend mit neuer und unverbrauchter Energie aus deiner Sonne aus. Löse dich langsam aus deiner Konzentration.

## Loslassen alter Programmierungen

### Intention der Übung

Wir alle werden von unserer Geburt an mit Überzeugungen aus Gesellschaft, Kirche und Familie konfrontiert. Außerdem haben wir uns selbst, im Laufe unseres Lebens, eine ganze Reihe von Glaubenssätzen oder Programmierungen zugelegt, die manchmal mit unserer jetzigen Überzeugung nicht mehr übereinstimmen. Sie hindern uns in unserer Freiheit zu sein und uns so zu verhalten, wie wir das als erwachsene Menschen wollen. In dieser Übung wirst du dir einiger dieser alten Überzeugungen und Programmierungen bewußt, wodurch du sie nach und nach loslassen und so mehr in Kontakt mit deiner eigenen Freiheit kommen kannst.

### Affirmation

Ich lasse alte Programmierungen los und habe dadurch mehr Freiheit in meinem Leben.

**Übungsablauf**

- Setze dich bequem auf einen Stuhl, dein Rücken ist gerade, der Kopf leicht nach vorne geneigt. Beide Füße stehen, etwa in Schulterbreite, auf dem Boden. Dein Körper ist entspannt, und deine Aufmerksamkeit ist ins Zentrum deines Kopfes gerichtet. Atme tief ein und aus, erde dich und verbinde dich mit deiner Sonne. Schreibe das heutige Datum und deinen Namen in Erdung und Sonne.

- Gehe mit deinem inneren Auge zu deinem Nacken. Berühre ihn dabei mit deinen Händen und massiere ihn sanft. Atme. Stelle dir vor, daß in deinem Nacken alte Programmierungen sitzen. Berühre die entsprechenden Bereiche mit deinen Händen. Kannst du einen konkreten Punkt finden, wo du ein deutliches Gefühl oder einen Gedanken zu einer alten Programmierung bekommst? Stelle eine energetische Verbindung von dieser Stelle (»Tape«) zu einem Ort außerhalb deiner Aura her. Wenn du möchtest, kannst du deine Hände dazu benutzen.

- Visualisiere dort, außerhalb deiner Aura, eine Spule, auf die du alles, was mit dieser alten Programmierung zusammenhängt »aufspulen« kannst. Mache solange weiter, bis es sich für dich gut anfühlt, und laß dann die Spule außerhalb deiner Aura mit einem lauten Knall explodieren.

- Gehe mit der inneren Aufmerksamkeit wieder zu deinem Nacken und massiere den Bereich, wo die Programmierung war. Laß dabei aus deiner Sonne frische und freie Energie in deine Hände und dann in diese Stelle fließen.

- Wiederhole die Übung mit anderen Programmierungen, wenn du möchtest. Achte darauf, daß du deinen Nacken jeweils massierst und dich anschließend mit neuer Energie aus deiner Sonne vollkommen auffüllst. Erde dich zum Schluß nochmals, löse dich langsam aus deiner Konzentration.

**Anmerkung**
Die alten Programmierungen sitzen oft sehr tief in uns und sind meistens mit sehr vielen anderen Themenbereichen (z. B. frühere Leben, Selbstwertgefühl usw.) gekoppelt. Es kann daher schwierig sein, sie ohne weiteres zu lösen. Manchmal braucht es Jahre, um eine einzige Programmierung vollständig aufzulösen oder sie durch ein neues, aber an das »Jetzt und Hier« angepaßtes Verhalten zu ersetzen. Wichtig ist bei diesem Prozeß viel Geduld und ein großes Maß an Vergebung den eigenen Schwächen gegenüber.

## Reinigung von Energien aus früheren Leben

**Intention der Übung**
Wir alle kennen Situationen, in denen wir bestimmte Gefühle oder Verhaltensweisen von uns selbst nicht verstehen können. In diesen Fällen ist es möglich, daß wir in einem oder in mehreren früheren Leben bestimmte Themen nicht vollständig bearbeitet und gelöst haben, so daß wir in diesem Leben erneut damit konfrontiert werden. Es ist auch möglich, daß wir heute die Chance haben, bestimmte Themen, die sich über mehrere frühere Leben hingezogen haben, anzugehen und zu lösen. In dieser Übung stellen wir uns vor, daß diese Energien aus früheren Leben auf unserem Rücken »lasten« und wir zumindest einen Teil davon reinigen und mit Energie aus dem »Jetzt und Hier« auffüllen können.

**Affirmation**
Ich kann alte, nicht faßbare Verhaltensweisen und Gefühle loslassen.

**Übungsablauf**
- Setze dich bequem auf einen Stuhl, dein Rücken ist gerade, der Kopf leicht nach vorne geneigt. Beide Füße sind, etwa in Schulterbreite, auf den Boden aufgesetzt. Dein Körper ist entspannt, und deine Aufmerksamkeit ist nach innen gerichtet. Atme tief ein und aus und erde

dich. Verbinde dich mit deiner Sonne. Schreib das heutige Datum und deinen Namen in die Erdung und in deine Sonne.

- Visualisiere vor deinem inneren Auge einen Rucksack auf deinem Rücken. Mach dir ein Bild von dem Rucksack. Wie sieht er aus? Wie groß ist er? Ist er schwer oder leicht? Wo genau befindet er sich?

- Spüre in den Rucksack hinein, wie fühlt er sich für dich jetzt an? Wenn du ein Bild und ein Gefühl dazu hast, dann verbinde den Rucksack mit der Erde. Schreibe in diese Erdung deinen Namen und das Datum und laß die nicht mehr benötigte Energie in die Erde abfließen. Schau, ob sich der Rucksack verändert. Vielleicht wird er leichter oder kleiner.

- Verbinde dann den Rucksack mit dem »Supreme Being« und schreibe auch hier das Datum des heutigen Tages und deinen Namen hinein. Laß Energie vom »Supreme Being« in deine Sonne und dann auch in den Rucksack und durch ihn hindurch in seine Erdung fließen. Laß anschließend die Farbe Rosa vom »Supreme Being« in deine Sonne und von hier aus durch den Rucksack hindurch bis in die Erdung fließen. Diese Farbe löst alles Alte oder nicht mehr Erforderliche, beinhaltet Vergebungsenergie für alles, was einmal war oder was du einmal warst und schafft Raum für einen Neuanfang.

- Frage dich innerlich, ob du eine bestimmte Information aus deinem Rucksack haben möchtest, um sie für dich in der heutigen Zeit zu nutzen? Verbinde den Rucksack nochmals mit der Erde und hole dann Vertrauen aus der Erde nach oben. Fülle den Rucksack und auch deinen Körper, Rücken und die Schultern mit dieser Vertrauensenergie aus. Laß das Bild gehen und spüre zum Abschluß nochmals deine eigene Verbindung mit der Erde. Löse dich aus der Konzentration. Lege dich für eine Weile in die Badewanne oder mache ein paar gymnastische Übungen für den Rücken und den Nacken.

# Energetische Reinigung von Räumen

### Intention der Übung

Oftmals fühlen wir uns in einem Raum unbehaglich, ruhelos oder spüren intuitiv, daß in dem Zimmer Energien von anderen Menschen oder aus vergangenen Situationen hängen. Da sich in Räumen immer wieder Energien von anderen ansammeln können oder unsere eigenen Stimmungen in ihnen haften bleiben, empfiehlt es sich, sie dann energetisch zu reinigen. Unser Wohlbefinden in dem Raum kann sich dadurch erheblich verbessern.

### Affirmation

Ich reinige meinen Raum und fühle mich wohl in ihm.

### Übungsablauf

- Setze dich bequem auf einen Stuhl, dein Rücken ist gerade, der Kopf leicht nach vorne geneigt. Beide Füße stehen, etwa in Schulterbreite, auf dem Boden. Atme tief ein und aus, erde dich und schreibe das heutige Datum sowie deinen Namen in deine Erdung. Verbinde dich mit deiner Sonne.

- Gehe mit deiner inneren Aufmerksamkeit in die Mitte deines Kopfes und visualisiere dort ein Bild von dem Raum, in dem du gerade sitzt. Stelle dir vor, daß du den Raum an allen Eckpunkten und auch in seiner Mitte mit der Erde verbindest. Mache diese Verbindung so groß und tief, daß es sich für dich gut anfühlt. Schreibe das heutige Datum in die Erdung.

- Stelle dir vor, daß überall an der Decke des Raumes eine »Energiedusche« hängt. Laß aus der Dusche Farben herauskommen, die den ganzen Raum, den Fußboden, die Wände und auch die Ecken des Zimmers durchdringen und reinigen. Laß die Farben anschließend in die Erdung abgehen.

- Stelle dir jetzt vor, daß in der Mitte des Zimmers eine Vase mit bunten Rosen steht. Laß die Rosen nacheinander die alten und verbrauchten Energien aus dem Raum aufsaugen und laß sie dann ebenfalls in die Erde gehen. Füll den Raum anschließend wieder mit Energie aus der Dusche auf.

- Frage dich innerlich, was der Raum noch braucht, damit du dich in ihm ganz wohlfühlen kannst. Vielleicht braucht er noch eine bestimmte Farbe oder einen Klang, vielleicht auch noch eine bestimmte Energie aus der Erde oder dem Kosmos. Gib dem Raum, was er jetzt benötigt. Löse dich aus der Konzentration. Wie fühlst du dich jetzt in dem Raum? Spürst du einen Unterschied zu vorher?

**Anmerkung**

Du kannst den Raum natürlich auch mit ganz bestimmten Qualitäten (z. B. Konzentration, Ruhe) auffüllen. Das kann hilfreich sein, wenn du in ihm z. B. arbeiten oder meditieren willst. Auf diese Art und Weise kannst du natürlich auch Wohnungen oder Häuser, z. B. beim Einzug in ein neues Zuhause, reinigen.

# Die menschliche Aura

## Intuitionsspiel (für eine Gruppe)

**Intention der Übung**
Wir sind ständig von den unterschiedlichsten Energien (Gedanken, Farben, Gefühle usw.) umgeben, die uns unbewußt oder bewußt beeinflussen. Intuitiv erfassen wir sehr viel von diesen Energien und reagieren darauf in unserer eigenen Art und Weise. Durch dieses Intuitionsspiel kannst du erfahren, wie du – möglicherweise ganz anders als andere – verschiedene Stimmungen im Raum wahrnimmst und auf sie reagierst. Mehr und mehr lernst du deine Intuition kennen und auf sie zu vertrauen.

**Affirmation**
Ich vertraue meiner Intuition.

**Übungsablauf**

- Eine Gruppe von mindestens sechs Menschen wird in zwei gleich große Gruppen aufgeteilt. Die eine Gruppe verläßt das Zimmer während die andere sich eine markante und allen vertraute Situation so genau wie möglich vorstellt (z. B. Besuch beim Zahnarzt, Weihnachten in der Familie, der erste Frühlingstag). Alle versuchen, die eigene Aura und den Körper sowie den Raum ganz mit dem dazugehörigen Gefühl auszufüllen und sich vollständig auf diese Situationen einzustellen. Die andere Gruppe soll zunächst nichts von der ausgewählten Situation wissen.

- Sobald der ganze Raum mit der zur ausgewählten Situation passenden Energie ausgefüllt ist, werden die anderen hereingeholt. Sie können nun durch das Zimmer gehen, stehenbleiben, mit offenen oder geschlossenen Augen die Stimmung und die Energie spüren und versuchen, die intuitiv aufkommenden Gefühle, Gedanken und körperlichen Reaktionen auf sich wirken zu lassen.

- Nach einiger Zeit wird das Spiel und somit auch die Konzentration auf diese Situation unterbrochen. Zunächst soll die zweite Gruppe über die im Raum wahrgenommenen Empfindungen und Reaktionen berichten. Welche Energie hat sie beim Betreten des Raumes gespürt und wie hat diese sich im Laufe der Zeit verändert? Gab es körperliche Reaktionen oder bestimmte Gedanken oder Emotionen? Im Anschluß daran erzählen die Teilnehmer/innen der ersten Gruppe, welches Thema bzw. welche Situation den Raum ausgefüllt hat und wie sich die einzelnen Personen in dieser Energie gefühlt haben.

- Der Raum sollte anschließend von den vorhandenen Energien gereinigt werden. Ihr könnt hierzu das Zimmer lüften, den Raum neu erden oder die Energien aus der gespielten Situation mit den Händen zum Fenster hinausbegleiten. Anschließend werden die Gruppen gewechselt und das Spiel wird mit einem anderen Thema bzw. einer anderen Situation wiederholt.

**Anmerkung**
Dieselbe Übung kann auch mit der Energie einer bestimmten Farbe wiederholt werden. Hierzu stellt sich die eine Gruppe in der Mitte des Raumes einen großen Karton vor, der mit einer bestimmten Farbe ausgefüllt ist (z. B. rot, grün oder blau). Alle Anwesenden holen in ihrer Vorstellung die Farbe aus dem Karton in den ganzen Raum und in die Auren und stellen sich diese Farbe und die damit verbundenen Gefühle und Stimmungen so genau wie möglich vor. Dann wird die andere Gruppe in den Raum zurückgeholt. Auch hierbei werden anschließend die intuitiven Wahrnehmungen ausgetauscht.

# Energetische Wirkung von Farben

### Intention der Übung

In dieser Übung kannst du die unterschiedliche Wirkung von Farben erfahren. So können Farben zum Beispiel Gemütszustände hervorrufen oder Stimmungen verstärken bzw. hemmen. Wir können durch das Visualisieren, ebenso wie durch den bewußten Einsatz im Alltag (z. B. durch Kleidung oder abgetönte Wände) die positive Wirkung der Farben nutzen oder verstärken.

### Affirmation

Ich spüre die Wirkung, die bestimmte Farben auf mich haben, und nutze sie.

### Übungsablauf

- Setze dich bequem auf einen Stuhl, dein Rücken ist gerade, der Kopf leicht nach vorne geneigt. Beide Füße sind, etwa in Schulterbreite, auf den Boden aufgesetzt. Dein Körper ist entspannt, und deine Aufmerksamkeit ist nach innen gerichtet.

- Stelle dir nun außerhalb deiner Aura einen großen Karton vor. In diesem Karton befindet sich die Farbe Grün. Stelle dir diese Farbe so genau wie möglich vor und hole sie langsam in deiner Vorstellung aus dem Karton heraus. Laß die Farbe das gesamte Zimmer ausfüllen. Nach und nach holst du die Farbe auch in deine Aura, in deinen Körper und in deine Erdung.

- Wie fühlt sich das Grün für dich an? Welche Gefühle und welche Reaktionen verbindest du damit (z. B. Ruhe oder Unruhe, Wärme oder Kälte, Zufriedenheit oder Unzufriedenheit)? Fühlst du dich in dieser Farbe wohl oder ist dir die Farbe eher unangenehm?

- Nach ein paar Minuten läßt du die Farbe in deiner Vorstellung wieder zurück in den Karton gehen. Du kannst auch deine Hände zur

Unterstützung nehmen. Mit der Farbe gehen auch alle Gefühle und Reaktionen, die in deinem Körper, deiner Erdung oder deiner Aura hervorgerufen wurden, in den Karton zurück. Anschließend kannst du auch alle Glaubenssätze und Vorstellungen, die du mit der Farbe verbindest, in den Karton gehen lassen.

- Laß diesen Karton anschließend in deiner Vorstellung in den Kosmos fliegen. Fülle dich aus deiner Sonne wieder mit deiner eigenen, an den Augenblick angepaßten Energie und der passenden Farbe auf. Löse dich langsam aus der Konzentration. Wiederhole die gleiche Übung auch mit anderen Farben (z. B. Rot, Gelb, Blau) und spüre, wie sie auf dich wirken.

**Anmerkung**
Diese Übung kannst du sehr gut auch zu zweit oder in einer Gruppe machen. Hierdurch wird die Wirkung verstärkt. Es ist interessant, nach der Übung über die unterschiedlichen Empfindungen und die Glaubenssätze (z. B. »Rosa ist eine Kleinmädchenfarbe«) zu sprechen. Stimmen diese Bilder noch immer oder sind sie längst überholt? Bestimmte Farben (z. B. Gold oder Schwarz) sind mit sehr festen Vorstellungen verbunden, so daß es schwierig sein kann, mit diesen Farben zu arbeiten.

## Wahrnehmung der eigenen Aura

**Intention der Übung**
In dieser Übung kannst du in Kontakt mit deinem feinstofflichen Energiesystem kommen. Du erfährst, daß du deine Aura ebenso wie deinen physischen Körper fühlen kannst. Du kannst mehr Vertrauen in deine eigene Wahrnehmung entwickeln.

**Affirmation**
Ich spüre meine Aura ebenso deutlich wie meinen physischen Körper.

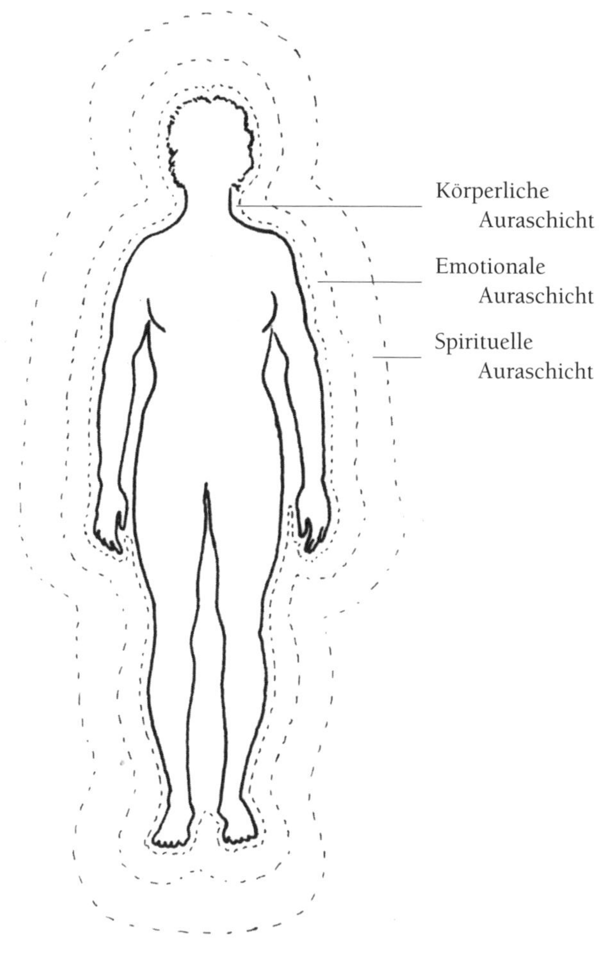
Körperliche Auraschicht
Emotionale Auraschicht
Spirituelle Auraschicht

**Übungsablauf**

- Setze dich bequem auf einen Stuhl, dein Rücken ist gerade, der Kopf leicht nach vorne geneigt. Beide Füße sind, etwa in Schulterbreite, auf den Boden aufgesetzt. Erde dich und atme ruhig und entspannt.

- Gehe mit deiner Aufmerksamkeit in die Mitte deines Kopfes und nimm von hier aus wahr, wie du im Augenblick auf deinem Stuhl sitzt und atmest. Fühle deinen physischen Körper, deine Füße und Beine, deinen Rumpf, deine Arme und Hände, deinen Kopf.

- Nun gehe mit deiner inneren Aufmerksamkeit zu deiner Haut und dem Raum, der sich direkt an deinen Körper anschließt. Vielleicht hast du zu diesem Raum ein bestimmtes Gefühl oder du spürst hier eine Art Wärme oder verdichtete Energie, vielleicht siehst du Farben oder hörst einen Klang. Bewerte deine Empfindungen nicht.

- Reibe jetzt deine Handflächen so lange sanft aneinander, bis sie leicht zu kribbeln anfangen. Hiermit öffnest du automatisch deine Handchakras. Bleibe geerdet und atme ruhig weiter. Versuche nun, ob du mit deinen Händen einen Kontakt zu deinem Energiekörper herstellen kannst. Du kannst deine Hände z. B. über deinen Kopf, vor deinen Bauch und vor deine Beine halten. Vielleicht spürst du, daß die Energie um deinen Körper herum dichter ist, vielleicht spürst du Wärme oder einen kleinen Widerstand. Bewerte auch hierbei nicht, sondern laß deinen Empfindungen und Wahrnehmungen freien Lauf. Wenn du genug gespürt hast, dann atme noch ein paarmal ruhig und tief durch und öffne die Augen.

**Anmerkung**

Mit etwas Übung und mit Vertrauen in die eigene Wahrnehmung kann das feinstoffliche Energiesystem ebenso erfahren werden wie der physische Körper. Die Aura ist eine Art energetische Haut, die unseren Körper umgibt und wichtige Funktionen erfüllt. Sie dient unter anderem zur Abgrenzung und als feinstofflicher Schutzmantel. Blockaden oder

Störungen in der Aura können daher körperliche Beschwerden bewirken (z. B. Hautreizungen).

## Spüren der Aura (Übung zu zweit)

### Intention der Übung

Durch diese Übung kannst du die Aura bzw. das Energiefeld sowie die verschiedenen Auraschichten eines anderen Menschen wahrnehmen. Du erfährst darüber hinaus, wie es sich anfühlt, wenn eine andere Person deine Aura berührt oder in sie eindringt, wie nah du diesen Menschen an dich herankommen lassen möchtest und wo deine persönliche Grenze überschritten wird. Das kann lange vor der körperlichen Berührung sein.

### Affirmation

Ich spüre meinen Energiekörper und nehme den Energiekörper eines anderen Menschen wahr.

### Übungsablauf

- Zwei Personen stehen sich im Abstand von etwa drei Metern gegenüber. Person A schließt die Augen, erdet sich und sagt mehrmals laut und deutlich ihren Vor- und Zunahmen. Person B aktiviert die Handchakras durch Reiben der Handinnenflächen und weist die andere laut darauf hin, daß sie losgeht. Zum Spüren der Aura werden die Handinnenflächen in Richtung von Person A gehalten.

- Person A versucht entspannt zu bleiben und achtet auf ihre innere Wahrnehmung. Sobald sich etwas nicht gut oder zu nah für sie anfühlt, äußert sie dies laut. Person B hält so lange in ihrer Bewegung inne, bis sie die Erlaubnis zum Weitergehen bekommt.

- Person B achtet beim Näherkommen darauf, wo sie die äußerste bzw. spirituelle Auraschicht der anderen spürt, wie diese sich anfühlt und welche Empfindungen bei der achtsamen Berührung auftreten.

Vielleicht spürt sie Wärme, Dichte, Farbe oder Konsistenz. Bewerte deine Wahrnehmungen nicht und versuche, auch ganz feine oder bislang unbekannte Empfindungen zuzulassen.

- Person B geht langsam weiter und berührt mit ihren Handinnenflächen zuerst die emotionale und dann die körperliche Auraschicht der Partnerin. Beide Personen achten dabei auf ihre Wahrnehmung und Empfindungen. Person A kann auch hierbei jederzeit das Weitergehen der anderen unterbrechen.

- Person B geht abschließend aus der Aura von Person A heraus. Beide erden sich und machen sich bewußt, daß sie in ihrem eigenen feinstofflichen Raum stehen. Beide atmen einige Male ruhig und tief durch. Anschließend werden die Rollen vertauscht.

**Anmerkung**

Wir alle haben sehr unterschiedliche Empfindungen und Reaktionen, wenn ein anderer Mensch in unsere Aura eintritt. Unser derzeitiges Befinden spielt hierbei ebenso eine wichtige Rolle wie die Ausstrahlung der in unsere Aura eindringenden Person. In dieser Übung ist es wichtig, daß wir unsere Reaktionen bewußt erfahren und deutlich wahrnehmen, wann unsere persönliche Grenze überschritten wird. Ebenso interessant ist es, zu spüren, was mit uns selbst passiert, wenn wir in die Aura eines anderen Menschen eindringen. Vielleicht empfinden wir es als sehr unangenehm, die Grenze eines anderen zu überschreiten. In dieser Übung erfahren wir daher auch, vorsichtiger und mit mehr Respekt dem feinstofflichen Raum eines anderen Menschen zu begegnen.

## Reinigung der Aura mit Farben

**Intention der Übung**

Auch der feinstoffliche Energiekörper (Aura und Chakras) möchte hin und wieder, genauso wie der physische Körper, gereinigt und mit frischer

Energie aufgefüllt werden. In dieser Übung kommst du in Kontakt mit deiner Aura und reinigst sie mit verschiedenen Farben.

**Affirmation**

Ich spüre meine Aura und reinige sie.

**Übungsablauf**

- Setze dich bequem auf einen Stuhl, dein Rücken ist gerade, der Kopf leicht nach vorne geneigt. Beide Füße stehen etwa in Schulterbreite auf dem Boden. Erde dich und stelle Kontakt mit deiner Sonne her. Schreibe deinen Namen und das Datum in die Verbindung mit der Erde und in deine Sonne. Atme ruhig und entspannt.

- Gehe mit deiner inneren Aufmerksamkeit zu deiner Haut und spüre von dort aus das feine Energiefeld, das deinen Körper umgibt. Du kannst deine Hände zu Hilfe nehmen. Vielleicht spürst du Wärme oder Licht um deinen Körper, vielleicht nimmst du auch innerlich eine bestimmte Farbe wahr, die dich umgibt. Beobachte, aber bewerte nicht. Mache dir nun, vor deinem inneren Auge, ein deutliches Bild von deiner Aura. Wie groß ist sie? Wie fühlt sie sich an? Hat sie Farben? Ist sie eiförmig oder eher rund?

- Stelle dir über deinem Kopf deine Sonne vor und laß von hier aus die Farbe Grün in deine Aura fließen. Nimm dir ausreichend Zeit. Wenn du möchtest, kannst du die Farbe mit deinen Händen begleiten. Fülle deine Aura ganz mit dieser Farbe auf. Die grüne Farbe hat in diesem Augenblick die Eigenschaft, deine Aura zu reinigen und alles Alte oder Überflüssige auf- und mitzunehmen. Laß das Grün anschließend in die Erde abfließen.

- Gehe wieder mit der Aufmerksamkeit zu deiner Sonne und laß jetzt die Farbe Rosa in deine Aura fließen. Fülle die ganze Aura und alle Auraschichten mit dieser Farbe auf. Rosa hat die besondere Eigenschaft, den Prozeß des »Loslassens« zu unterstützen. Laß diese Farbe anschließend in deine Erdung abgehen.

- Laß jetzt in deiner Sonne die Farbe oder die Farben entstehen, die du im Augenblick in deiner Aura möchtest oder brauchst. Fülle mit diesen Farben deine ganzen Aura und alle Auraschichten auf. Achte darauf, daß du die Farben auch in die Aura unterhalb deiner Füße und oberhalb deines Kopfes fließen läßt. Wenn es Stellen in deiner Aura gibt, die noch zu wenig Energie oder Farben haben, dann fülle diese Stellen jetzt bewußt auf.

- Mache zum Schluß der Übung in deiner Vorstellung den äußeren Aurarand deutlich. Wieviel Platz brauchst du um dich herum, um dich jetzt ganz wohl und sicher zu fühlen? Mache die Grenze deines feinstofflichen Energiesystems klar, indem du hier z. B. eine bestimmte Farbe fließen läßt oder indem du sie in deiner Vorstellung zur Umgebung hin mit Rosen abgrenzt. Probiere aus, was sich für dich gut anfühlt. Erde dich noch einmal und löse dich dann langsam aus deiner Konzentration. Gehe für ein paar Minuten durch den Raum und spüre, wie du dich jetzt fühlst.

**Anmerkung**

Wenn es dir schwerfällt, Farben zu visualisieren, dann kannst du in deiner Vorstellung einfach eine Farbe benennen und anschließend mit deinen Händen diese Farbe in deine Aura bringen. Es ist nicht notwendig, die Farbe mit deinen Augen zu sehen, es reicht völlig aus, eine bestimmte Vorstellung oder Idee von ihr zu haben. Du kannst diese Reinigungsübung auch mit Tönen machen.

# Die Chakras

## Wahrnehmen der eigenen Chakras

**Intention der Übung**

Die Chakras sind Kraftzentren, die unseren physischen Körper mit unserem Energiekörper verbinden. Durch diese Übung kannst du einen Kontakt zu den sieben Hauptchakras herstellen. Du erfährst zudem, wie sich deine Chakras im Augenblick anfühlen, wie sie aussehen und welche Form und Farbe sie haben.

**Affirmation**

Ich spüre meine Chakras und bin in Kontakt mit ihnen.

**Übungsablauf**

- Stehe mit beiden Füßen parallel etwa in Schulterbreite auf dem Boden. Die Knie sind locker. Geh mit deiner Konzentration nach innen. Erde dich, atme ruhig und entspannt.

- Öffne deine Handchakras, indem du beide Handinnenflächen eine kurze Zeit aneinanderreibst. Fühle dein Wurzelchakra mit deinen Händen. Halte hierbei die Handinnenflächen in Höhe deines unteren Bauches etwa in 10 bis 20 cm Abstand von deinem Körper. Wenn es möglich ist, dann spüre das Chakra auch an deiner Rückseite, etwas unterhalb des Steißbeins. Sei sanft und rücksichtsvoll bei der Berührung. Laß deine Hände das Chakra fühlen und nimm einfach wahr, was du siehst oder fühlst.

- Beobachte, ob sich das Wurzelchakra bei der Berührung deiner Hände verändert. Vielleicht ändert sich seine Farbe, die Form oder die Größe. Beobachte, ohne zu bewerten. Atme.

- Gehe nun mit deiner Hand bzw. deinen Händen langsam weiter zu deinem Sakralchakra. Spüre es etwa in Höhe deines Nabels wieder mit deinen Händen. Bewege deine Hände im Bereich des Chakras sanft hin und her, vor und zurück. Laß deine Hände auch dieses Chakra fühlen und nimm einfach wahr, was du siehst oder fühlst.

- Beobachte, ob sich das Sakralchakra im Kontakt mit deinen Händen in Farbe, Form oder Größe verändert. Beobachte, ohne zu bewerten, und vergiß auch das Atmen nicht.

- Laß deine Hände nun weiter zu deinem Nabelchakra in deiner Körpermitte gehen. Es befindet sich etwa in Höhe des sogenannten Sonnengeflechts. Spüre das Chakra mit den Händen und achte wieder darauf, ob sich Form, Größe oder Farbe des Chakras verändern. Atme.

- Gehe in deinem eigenen Tempo weiter zu deinem Herzchakra, etwa in Höhe des physischen Herzens zwischen den Brüsten. Spüre auch das Herzchakra für eine Weile mit deinen Händen und beobachte erneut, wie es sich während der Berührung deiner Hände verändert.

- Laß deine Hände jetzt weiter zu deinem Kehlchakra, etwa in Höhe des Kehlkopfes, gehen. Spüre Form, Größe und Farbe des Chakras sowie die Veränderungen während der sanften Berührung deiner Hände. Atme ruhig und tief.

- Fühle mit deinen Händen anschließend dein Stirnchakra etwas oberhalb des Nasenansatzes und auch am Hinterkopf. Nimm die Ausdehnung, Konsistenz und Größe dieses Chakras für eine Weile wahr.

- Gehe nun zum Schluß mit deiner Hand über deinen Scheitel und spüre hier dein Kronchakra. Wie sieht es aus? Hat es für dich eine

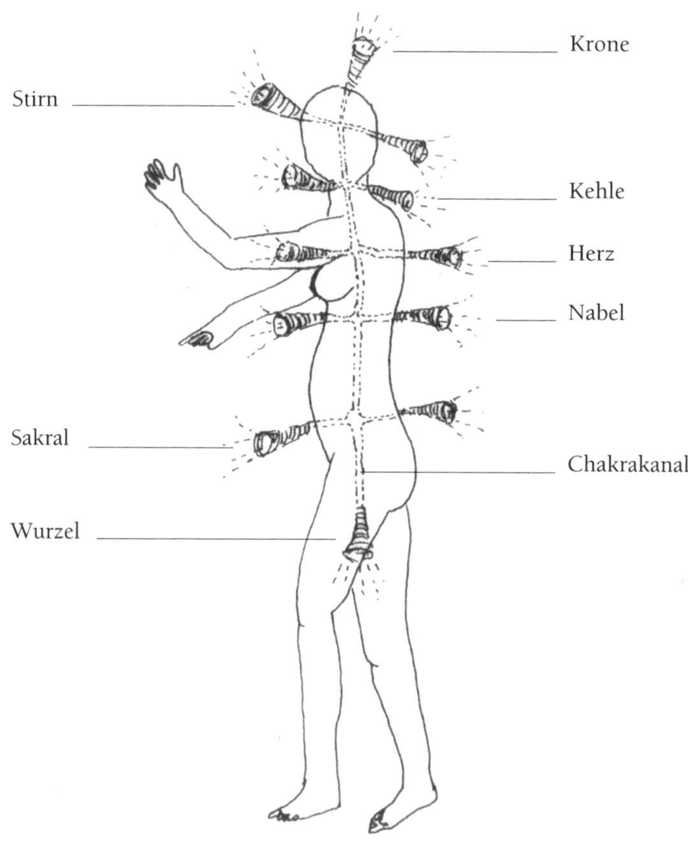


bestimmte Farbe oder Form. Beobachte eine Weile und atme. Entspanne deinen Körper, deine Arme und Hände. Atme im Stehen noch eine Weile tief und ruhig, bevor du deine Konzentration löst.

**Anmerkung**
In dieser Übung ist es wichtig, eigene und ganz individuelle Erfahrungen mit den Chakras zu sammeln. Laß deshalb alle Bilder, die du bisher über sie hattest (z. B. daß ein bestimmtes Chakra immer eine bestimmte Farbe hat) bewußt gehen.

## Chakras spüren (Übung zu zweit)

**Intention der Übung**
In dieser Übung nimmst du die Chakras einer anderen Person bewußt wahr. Durch deine Hände spürst du Chakras einer anderen Person. Weiterhin erfährst du, wie es sich für dich anfühlt, wenn eine andere Person deine Chakras berührt.

**Affirmation**
Ich fühle meine Chakras und spüre die Chakras von anderen.

**Übungsablauf**

- Person A steht mit beiden Füßen parallel, etwa in Schulterbreite, auf dem Boden. Die Knie sind locker. Sie geht mit ihrer Konzentration nach innen und verbindet sich mit der Erde und atmet ruhig und entspannt.

- Person B steht außerhalb der Aura von Person A und erdet sich. Sie reibt kurz beide Handinnenflächen aneinander, um die Handchakras zu öffnen. Anschließend geht sie langsam und vorsichtig auf Person A zu. Sie bleibt in ausreichendem Abstand stehen, so daß sie bequem die Chakras von Person A spüren kann, jedoch dieser nicht zu nah tritt (meistens ist eine Entfernung von 30 bis 50 cm angenehm).

- Nun geht Person B vorsichtig mit geöffneten Handflächen auf das Wurzelchakra von Person A zu. Es ist wichtig, daß die Berührung für beide Personen angenehm ist. Ansonsten sollte die Hand sofort ein Stück zurückgezogen werden. Beide Personen beobachten, was sie empfinden.

- Anschließend geht Person B wieder aus der Aura von Person A heraus, reibt sich erneut kurz die Hände und geht dann mit den geöffneten Handflächen auf das Sakralchakra von Person A zu. Es ist interessant, das Chakra sowohl an der vorderen Seite als auch an der hinteren Seite des Körpers zu spüren. Beide Personen beobachten erneut, was sie fühlen.

- Diese Übung wird nacheinander für alle Chakras bis zum Kronchakra wiederholt. Anschließend werden die Rollen vertauscht und die Übung von Anfang an wiederholt. Zum Schluß erden sich beide Personen nochmals und verbinden sich mit ihrer eigenen Sonne.

**Anmerkung**
Ihr könnt euch anschließend kurz über eure Erfahrungen während der Übung austauschen. Wie fühlt es sich an, wenn ein anderer Mensch bewußt deine Chakras berührt? Und wie ist es, die Chakras einer anderen Person zu berühren? Ist dieses Gefühl bekannt? Gibt es Chakras, bei denen es sich nicht gut anfühlt oder wo es besonders angenehm ist? Achtet beide darauf, die Grenzen der anderen bei der Berührung nicht zu überschreiten und gegebenenfalls etwas zurückzugehen.

## Kontakt mit den Fußchakras und energetische Reinigung

**Intention der Übung**
Die Fußchakras stellen eine direkte Verbindung von dir zur Erde dar. Wenn du gehst oder sitzt, sind sie immer in Kontakt mit der Erdoberfläche. Durch Reinigung oder Aktivierung der Fußchakras kannst du also leicht deine Verbindung mit der Erde verstärken. In den Fußchakras sowie in den Füßen und Beinen sitzt sehr oft alte, nicht mehr notwendige Energie, die durch diese Übung erneuert werden kann. Dies hilft dir, die alltäglichen Schritte leichter zu tun.

**Affirmation**
Ich stehe mit beiden Füßen fest auf der Erde.

**Übungsablauf**

- Setze dich bequem auf einen Stuhl, dein Rücken ist gerade, der Kopf leicht nach vorne geneigt. Beide Füße stehen, etwa in Schulterbreite, auf dem Boden. Dein Körper ist entspannt und deine Aufmerksamkeit nach innen gerichtet. Atme tief ein und aus und erde dich.

- Gehe mit deiner inneren Aufmerksamkeit zu deinen Füßen und massiere sie liebevoll für ein paar Minuten. Stelle dir jetzt am Fußchakra des rechten Beines einen blauen Ball, etwa in der Größe einer Murmel oder eines Tischtennisballes, vor. Der Ball hat die Eigenschaft, alte oder überflüssige Energie aufzusaugen und mitzunehmen. Laß diesen »Staubsaugerball« jetzt dein Fußchakra reinigen und laß ihn dann langsam durch deinen Fuß, die Fußknöchel, die Zehen, die Waden und das Schienbein bis hinauf zu deinem Knie wandern. Von hier aus geht seine Reise weiter durch die Oberschenkel und den Po bis zum Steißbein. Überall nimmt der kleine blaue Ball Verspannungen und alte Energien in sich auf.

- Vom Steißbein aus läßt du den kleinen Ball in deine Erdung gehen. Die Erde nimmt alles in sich auf und nutzt diese Energien, sie bewertet nichts. Fülle anschließend dein Bein und deinen Fuß mit frischer und unverbrauchter Energie aus der Erde auf. Du kannst dir dabei eine Farbe oder Flüssigkeit vorstellen, die alle »freien« Stellen wieder auffüllt.

- Wiederhole die Übung mit einem gelben Ball, indem du wiederum am rechten Fußchakra beginnst. Vergiß nicht, dich zum Schluß wieder mit neuer Energie aus der Erde aufzufüllen. Anschließend machst du dieselbe Übung nacheinander mit einem blauen und dann mit einem gelben Ball auch mit deinem linken Fußchakra, Fuß und Bein. Auch dabei füllst du dich zum Schluß wieder mit frischer Erdenergie auf.

**Anmerkung**
Versuche selbst, welche Farben sich für dich angenehm und reinigend anfühlen. Du kannst diese Übung auch im Stehen oder beim Spazierengehen machen.

## Lösen alter Energien aus den Fußchakras

**Intention der Übung**
Die Fußchakras sind immer in direktem Kontakt mit der Erdoberfläche. Auch in den Fußchakras kann sich, wie in jedem anderen Chakra, alte oder verbrauchte Energie ansammeln. Ebenso kann hier Energie von anderen Personen hängen, wodurch es schwierig wird, den eigenen Weg zu gehen. Durch diese Übung werden deine Fußchakras gereinigt und ins »Jetzt und Hier« gebracht.

**Affirmation**
Ich reinige meine Fußchakras und bin im »Jetzt und Hier«.

**Übungsablauf**
- Lege dich bequem auf eine Decke auf den Fußboden und gehe mit deiner Konzentration nach innen. Erde dich vom Steißbein aus. Winkle jetzt die Beine an und atme tief und ruhig. Hebe dann den rechten Fuß ein bißchen an und stelle dir unter dem Fußchakra ein offenes Kästchen vor. Schüttle jetzt den Fuß und stelle dir hierbei vor, daß durch das Schütteln alte oder verbrauchte Energie aus deinem Fußchakra heraus- und in das Kästchen hineinfließt.

- Wenn du das Gefühl hast, daß nichts Unerwünschtes mehr in deinem Fußchakra sitzt, dann stelle deinen Fuß wieder auf den Boden. Schließe in deiner Vorstellung das Kästchen und laß es von dem »kosmischen Boten« abholen. Er bringt die Energie dorthin zurück, wo sie hergekommen ist oder gibt sie einfach an den Kosmos ab.

- Wiederhole diese Übung mit dem Fußchakra des linken Fußes. Stelle dir hierbei vor, daß unter dem Fußchakra ein Eimer steht, in den die alte Energie abfließt. Schließe den Eimer anschließend mit einem Deckel und laß ihn ebenfalls von dem »kosmischen Boten« abholen und verteilen.

- Fülle jetzt in deiner Vorstellung nacheinander dein rechtes und linkes Fußchakra mit frischer, unverbrauchter und freier Energie aus der Erde auf. Schreibe in diese Erdung und auch in deine Fußchakras das heutige Datum sowie deinen Vor- und Zunamen. Hierdurch bringst du die gesamte Energie ins »Jetzt und Hier«. Löse dich langsam aus deiner Konzentration.

## Reinigung der Handchakras, Hände und Arme

### Intention der Übung

Durch deine Handchakras nimmst du Kontakt zur Umwelt oder zu anderen Menschen auf, so z. B. bei der Begrüßung mit Handschlag. Hierüber kann sich in den Handchakras, den Händen und Armen viel Energie von anderen ansammeln. In dieser Übung werden diese Chakras sowie die Hände und Arme gesäubert und mit unverbrauchter, neuer Energie aufgefüllt.

### Affirmation

Ich öffne und reinige meine Handchakras und bin in Kontakt mit meiner Umwelt.

### Übungsablauf

- Setze dich bequem hin und verbinde dich mit der Energie von Erde und Kosmos. Gehe mit deiner inneren Aufmerksamkeit zu deinen Händen, massiere sie kurz und reibe die Handflächen aneinander.

- Stelle dir jetzt an deinem rechten Handchakra eine kleine rote Kugel oder einen kleinen roten Ball vor. Die Kugel kann, ähnlich wie die »Staubsaugerrose«, alle fremde oder nicht mehr benötigte Energie aufsaugen und mitnehmen. Laß diese Kugel langsam von dem Handchakra aus durch deine Hand, deine Finger, die Fingerknochen, das Handgelenk und hinauf in den Unter- und Oberarm gleiten und all diese Bereiche reinigen. Vergiß das Atmen nicht.

- Die Kugel geht weiter über die Schultern und den Nacken, dann hinunter zum linken Arm, zum Ellbogen, zum Handgelenk bis zur Hand und zu deinem Handchakra. Laß jetzt die angefüllte und vielleicht auch größer gewordene rote Kugel aus deinem Handchakra herauskommen. Stelle dir vor, wie sie mit all der alten und überflüssigen Energie außerhalb deiner Aura mit einem lauten Knall explodiert.

- Wiederhole die Übung mit einer blauen Kugel. Laß auch sie in deiner Vorstellung durch Hände und Arme reisen. Vielleicht reinigt diese zweite Kugel dieselben Bereiche erneut, vielleicht werden auch andere Stellen von ihr angezogen und gesäubert. Atme. Laß die Kugel ebenfalls durch das Handchakra der linken Hand austreten und dann außerhalb deiner Aura explodieren.

- Sammle abschließend deine Energie in deiner Sonne und fülle dich von hier aus ganz mit neuer und unverbrauchter Energie auf. Spüre für einen Augenblick, wie es in deinen Händen, Armen und Handchakras pulsiert, und löse dich dann aus deiner Konzentration. Öffne die Augen.

**Anmerkung**

Auch in dieser Übung kannst du die Farbe der »Reinigungskugeln« variieren. Probiere aus, welche Farbe sich für dich am besten anfühlt.

## Reinigung der Handchakras und Handgelenke

### Intention der Übung

In deinen Handchakras, vor allem aber in den Handgelenken und kleinen Fingerknöchelchen, kann sich oft alter Groll gegen dich selbst oder andere festsetzen. In dieser Übung läßt du diese alte Energien frei und bekommst dadurch Raum für neue Empfindungen. Diese Übung ist zum Beispiel bei Gelenkbeschwerden sehr wirksam, da sie hilft, die in den Gelenken angesammelten Verhärtungen und Gefühle loszulassen.

### Affirmation

Ich reinige meine Handchakras und meine Handgelenke und löse mich von alter Wut.

### Übungsablauf

- Stelle dich hin. Beide Füße sind parallel, etwa in Schulterbreite, auf dem Boden aufgesetzt. Die Knie sind locker. Geh mit deiner Konzentration nach innen. Erde dich, atme ruhig und entspannt. Gehe mit deiner inneren Aufmerksamkeit zu deinen Händen. Stelle dir deine beiden Hände als Waagschalen vor. Welche Hand ist für dich in diesem Augenblick die »nehmende oder empfangende« Hand und welche die »gebende«?

- Wieviel Prozent dieser Qualitäten in deinen Händen stammen tatsächlich von dir und wieviel Energie stammt von anderen? Wieviel alte Energie steckt in der »nehmenden« und wieviel in der eher »gebenden« Hand?

- Schüttle jetzt beide Hände leicht aus und laß dadurch die alte und von dir nicht mehr gebrauchte Energie in die Erde abfließen. Laß anschließend eine für dich in diesem Augenblick passende Farbe aus deiner Sonne in deine Hände fließen.

- Frage deine Hände, was sie von dir in diesem Augenblick für ein Geschenk möchten, damit sie alte und verbrauchte Energie ganz loslassen können. Das Geschenk kann zum Beispiel eine weitere Farbe aus der Sonne oder ein warmes Handbad mit einer bestimmten Kräuteressenz sein. Löse dich anschließend langsam aus deiner Konzentration.

## Tönen des Wurzelchakras

### Intention der Übung

Das Wurzelchakra hat viel mit der Verbindung zur Erde, mit der Lebensenergie und dem Lebenswillen sowie mit der eigenen Kraft und Vitalität zu tun. Durch diese Übung kommst du in Kontakt mit deinem Wurzelchakra. Du spürst deutlich, daß du mit der Erde verbunden bist und daß du einen starken Lebenswillen hast. Du erfährst, daß die Schwingung deiner Stimme deine Chakras, deine Aura und deinen Körper durchdringt und ihnen Kraft und Lebensenergie gibt.

### Affirmation

Ich sage »Ja« zu meinem Leben auf der Erde.

### Übungsablauf

- Lege dich auf eine Decke und winkle die Knie an. Die Fußsohlen berühren den Boden, die Arme liegen entspannt auf dem Bauch. Erde dich und schreibe deinen Namen sowie das Datum von heute in die Erdung.

- Gehe mit deiner Aufmerksamkeit zu deinem Wurzelchakra und von dort aus langsam durch alle Hauptchakras bis hinauf zum Kronchakra. Gehe dann mit deiner inneren Konzentration wieder hinunter zum Wurzelchakra. Laß jetzt in deinem Wurzelchakra einen Ton entstehen. Forme den Ton zu einem lauten »Ja«. Das »Ja« steigt langsam von deinem Wurzelchakra durch deinen Bauch hinauf bis zu deiner Kehle. Hier sagst du deutlich und mit lauter Stimme »Ja« zur Erdung und zum Leben.

- Du bleibst hierbei immer in Verbindung mit deinem Wurzelchakra und tönst abwechselnd und in deinem eigenen Rhythmus aus deiner

Kehle ein »Ja« und ein »Nein« und wieder ein »Ja«. Laß deine Stimme lauter oder leiser werden, heller oder tiefer, so wie es sich für dich jetzt richtig anfühlt. Spiele mit dem Klang deiner Stimme, die in Verbindung mit deinem Wurzelchakra steht.

- Töne zum Schluß ein lautes und deutliches »Ja«, und laß dieses »Ja« in deine Aura, deine Chakras, die Chakraverbindung und in alle Teile deines Körpers dringen. Gib dich für eine Weile ganz der Schwingung deiner Stimme hin und genieße es.

- Gehe mit deiner Konzentration abschließend wieder zu deinem Wurzelchakra und spüre nochmals die Verbindung mit der Erde. Löse dich langsam aus der Konzentration und öffne die Augen.

**Anmerkung**
Unsere Stimme besitzt eine sehr starke Kraft durch die im Klang oder Ton enthaltene Schwingung. Durch das Tönen können wir uns mit dieser Energie verbinden und sie für uns nutzen.

## Reinigung des Wurzelchakras

**Intention der Übung**
Im Wurzelchakra finden wir häufig Energien von unseren Eltern, da diese von Beginn unseres Lebens an einen großen Einfluß auf unsere Einstellung zum Leben auf der Erde hatten. Daher empfiehlt es sich, das Wurzelchakra von den Energien unserer Mutter und unseres Vaters zu reinigen. Wir erhalten dadurch mehr Freiheit, unser eigenes Leben als erwachsene Menschen so zu gestalten und zu genießen, wie wir es heute wollen.

**Affirmation**
Ich habe die Freiheit, so zu leben, wie ich es jetzt möchte.

**Übungsablauf**

- Setze dich bequem auf einen Stuhl, dein Rücken ist gerade, der Kopf leicht nach vorne geneigt. Beide Füße sind, etwa in Schulterbreite, auf den Boden aufgesetzt. Dein Körper ist entspannt, und deine Aufmerksamkeit ist nach innen gerichtet.

- Erde dich und sammle deine Energie in deiner Sonne. Schreibe deinen Namen und das Datum des heutigen Tages in die Verbindung mit der Erde und auch in deine Sonne. Gehe mit deiner inneren Aufmerksamkeit zu deinem Wurzelchakra und von dort aus langsam zum Sakralchakra, dem Nabelchakra, dem Herzchakra und Kehlchakra bis hinauf zu deinem Kronchakra. Spüre dabei jeweils kurz in die einzelnen Chakras hinein.

- Gehe nun wieder zum Wurzelchakra und begrüße es liebevoll mit einem »Hallo«. Stelle dir vom Zentrum deines Kopfes aus, außerhalb deiner Aura, eine weiße Leinwand vor. Laß auf der Leinwand ein Bild von deiner Mutter entstehen. Begrüße sie und gib dem Bild eine eigene Erdung.

- Laß jetzt in deiner Vorstellung die ganze Energie, die von deiner Mutter in deinem Wurzelchakra sitzt, zu der Sonne deiner Mutter, im Bild auf der Leinwand, zurückgehen. Du kannst dir für die Energie deiner Mutter eine bestimmte Farbe und in ihrer Sonne einen Magneten vorstellen.

- Hole jetzt all die Energie, die von dir bei deiner Mutter steckt, in deine eigene Sonne zurück. Auch hierbei kannst du dir wieder eine Farbe und in deiner Sonne einen Magneten vorstellen. Achte darauf, daß du selbst nicht in das Bild auf der Leinwand gehst. Vergiß das Atmen nicht. Bedanke dich bei deiner Mutter für ihre Hilfe und laß das Bild anschließend gehen. Sammle zum Schluß deine eigene Energie nochmals in deiner Sonne und fülle deinen Körper, deine Aura und alle Chakras mit neuer Energie aus deiner Sonne auf.

**Anmerkung**

Wiederhole diese Übung mit deinem Vater und, wenn du möchtest, auch mit anderen Personen, von denen du das Gefühl hast, daß sie in deinem Wurzelchakra unnötig Raum einnehmen. Wenn es dir schwer fällt, dich von der Energie der eigenen Mutter oder des eigenen Vaters zu lösen oder wenn du das nicht möchtest, dann kannst du dir auch vorstellen, daß du die Energie der inneren Mutter oder des inneren Vaters aus deinem Wurzelchakra löst. Die innere Mutter bzw. der innere Vater stellt dabei in deiner Vorstellung die von deiner eigenen Mutter bzw. deinem eigenen Vater verinnerlichten Anteile in dir dar.

## Massieren des Sakralchakras

**Intention der Übung**

In dieser Übung nimmst du Kontakt zu deinem Sakralchakra auf. Du massierst es sanft und veränderst seine Größe und Form. Die von diesem Chakra im feinstofflichen System übernommenen Aufgaben, z. B. Kreativität, Emotionalität oder Sexualität, werden durch diese Übung berührt und deine Verbindung zu ihnen aktiviert.

**Affirmation**

Ich spüre mein Sakralchakra.

**Übungsablauf**

- Lege dich auf eine Decke und winkle die Knie an. Die Fußsohlen berühren den Boden, die Arme liegen entspannt auf dem Bauch. Verbinde dich mit deiner Erdung und schreibe deinen Namen sowie das Datum von heute in die Erdung.

- Gehe mit deiner inneren Aufmerksamkeit zu deinem Sakralchakra, etwas unterhalb des Bauchnabels. Spüre, wie sich dieses Chakra im Augenblick anfühlt. Wie groß ist es? Welche Farbe hat es? Kannst du die Bewegung des Chakras wahrnehmen? Spüre das Sakralchakra an deinem Bauch und an deinem unteren Rücken. Beobachte, ohne zu bewerten.

- Massiere das Chakra, indem du es in deiner Vorstellung ein wenig vor- und zurückschiebst. Du kannst deine Atmung und deine Hände dazu zu Hilfe nehmen. Dehne nun in deiner Vorstellung das Sakralchakra vorsichtig etwas aus und bringe es dann wieder auf die ursprüngliche Größe zurück. Ziehe das Sakralchakra anschließend etwas zusammen. Gehe mit der Ausdehnung und dem Zusammenziehen nur so weit, wie es sich für dich im Augenblick gut anfühlt. Stelle nun eine für dich im Augenblick angenehme Größe des Chakras her.

- Versuche jetzt die Richtung der Chakrabewegung vorsichtig zu ändern. Sei auch hierbei sanft und erzwinge nichts. Wippe dabei leicht mit deinen Knien. Bringe das Chakra abschließend in eine für dich angenehme Größe und mache auch die Chakradrehung passend. Schau dir das Chakra nochmals an. Gibt es Veränderungen zum Beginn der Übung? Löse dich langsam aus deiner Konzentration.

## Wahrnehmung der eigenen Lebensenergie im Nabelchakra

### Intention der Übung

In dieser Übung erfährst du, wann und in welcher Situation du in deiner Kindheit erstmalig den Kontakt mit deiner eigenen Lebenskraft verloren hast und welche Gründe es dafür gab. Durch die Reinigung der entsprechenden Bilder und Glaubenssätze spürst du mehr und mehr die Verbindung mit deiner ursprünglichen Lebensenergie und der damit verbundenen Lebenskraft.

### Affirmation

Ich spüre meine ursprüngliche Lebensenergie und verbinde mich mit meiner Kraft.

**Übungsablauf**

- Setze dich bequem auf einen Stuhl, dein Rücken ist gerade, der Kopf leicht nach vorne geneigt. Beide Füße sind, etwa in Schulterbreite, auf den Boden aufgesetzt. Dein Körper ist entspannt, und deine Aufmerksamkeit richtest du nach innen zum Nabelchakra. Atme tief ein und aus und erde dich.

- Stelle dir außerhalb deiner Aura eine weiße Leinwand vor. Laß auf dieser Leinwand ein Bild von deiner Lebenslinie entstehen. Beginne deine Lebenslinie bei deiner Empfängnis und laß sie über deine Geburt bis zum heutigen Tag wachsen. Betrachte das Bild für eine Weile.

- Finde nun den Zeitpunkt auf der Linie, wo du zum ersten Mal aus deiner ursprünglichen Lebensenergie herausgegangen bist oder dein Zugang zu ihr unterbrochen wurde. Bekommst du ein Bild oder ein Gefühl für eine spezielle Situation? Schau dir diese Situation genau an. Atme.

- Gibt es in dieser Situation einen Mechanismus, den du heute wiedererkennst? Was für ein Mechanismus ist das? Welche Glaubenssätze oder Gründe gibt es, die dich aus deiner Energie gebracht haben?

- Verbinde das Bild auf der Leinwand mit der Erde und schreibe das Datum von heute hinein. Laß dann alle alten und nicht mehr passenden Glaubenssätze und Mechanismen, die dazugehören, in die Erde abfließen. Die Erde bewertet nicht, sondern nimmt die Energien an und transformiert sie.

- Bleibe in dem Bild auf der Leinwand und gehe weiter auf deiner Lebenslinie bis an den Punkt, an dem du erneut aus deiner Lebensenergie gegangen bist. Stelle dir auch diese Situation genau vor und spüre nach, wie du dich dabei gefühlt hast. Atme.

- Verbinde auch diese Situation von der Leinwand aus mit der Erde und laß wieder alle dazugehörigen Bilder, Glaubenssätze und Mechanismen gehen. Hole zum Schluß das Bild von deiner Lebenslinie in deine Sonne und laß es von dort aus hinunter zu deinem Nabelchakra fließen. Erde dich zum Schluß noch einmal und löse dich dann langsam aus deiner Konzentration.

**Anmerkung**
Du kannst diese Übung ab und zu wiederholen und dabei auch weitere Situationen, bei denen du als Kind und später als Jugendliche oder Erwachsene aus deiner Lebensenergie herausgegangen bist, in der selben Art und Weise reinigen. Beobachte, ob sich die Bilder, Glaubenssätze und Mechanismen mit der Zeit verändern.

## Reinigung des Nabelchakras

**Intention der Übung**
Manchmal hindert uns der innere Kontrolleur daran, bestimmte Aspekte unseres Lebens annehmen oder zulassen zu können. Es fällt uns schwer, bestimmte Entscheidungen zu treffen, oder uns fehlt der Mut, notwendige Schritte zu wagen. Durch diese Übung nimmst du Kontakt mit diesem kontrollierenden oder analysierenden Anteil in dir auf und verbindest ihn mit deinem Nabelchakra. In unserem Energiesystem hilft uns dieses Chakra, die eigenen Ziele im Leben zu finden, unseren eigenen Willen zu spüren sowie Lebensfreude zu empfinden. In dieser Übung verbindest du den Kontrolleur mit deinen heutigen Qualitäten, wodurch er dir helfen kann, deinen eigenen Lebensweg zu finden und zu gehen.

**Affirmation**
Ich habe die Freiheit, meine kontrollierenden und analysierenden Anteile zu integrieren.

**Übungsablauf**
- Setze dich bequem auf einen Stuhl, dein Rücken ist gerade, der Kopf leicht nach vorne geneigt. Beide Füße stehen, etwa in Schulterbreite,

auf dem Boden. Dein Körper ist entspannt, und deine Aufmerksamkeit ist nach innen gerichtet. Atme tief ein und aus und erde dich.

- Stelle dir in deinem Körper oder innerhalb deiner Aura deine persönliche »Kontrollinstanz« vor. Wo siehst oder spürst du sie? Wie sieht sie aus und wie ist sie gekleidet? Ist sie alt oder jung? Was für eine Ausstrahlung hat sie?

- Visualisiere außerhalb deiner Aura eine weiße Leinwand, auf die du deinen Kontrolleur gehen läßt. Mache in deiner Vorstellung von dem Bild auf der Leinwand aus eine Verbindung mit der Erde und schreibe das Datum von heute hinein. Frage den Kontrolleur, was er für eine Funktion in deinem Leben hat. Was möchte er für dich tun? Was möchte er in deinem Leben verhindern oder bestärken? Warum? Kannst du dem Kontrolleur etwas schenken, so daß er seine Aufgabe besser erfüllen kann? Was möchtest du von dem Kontrolleur haben?

- Hole das Bild von der Leinwand in dein Nabelchakra. Erde dich und schreibe das heutige Datum in die Erdung. Integriere somit deinen kontrollierenden und analysierenden Anteil in dein Leben. Löse dich langsam aus der Konzentration.

## Herzatmung

**Intention der Übung**

Durch diese Übung kann dein Herzchakra geöffnet werden. Die Herzenergie fließt von deinem Herzchakra aus durch deinen Körper in deine Hände und von deinen Händen zurück zu in dein Herzchakra. Du kannst den Energiefluß spüren und dich mehr und mehr mit der Liebe in deinem Herzen und somit auch mit deiner eigenen Heilungsenergie verbinden.

**Affirmation**

Ich öffne mein Herz für mich selbst und andere.

**Übungsablauf**

- Lege dich mit dem Rücken auf eine Decke. Die Knie sind aufgestellt, deine Arme senkrecht vom Körper weggestreckt. Laß nun Erdenergie durch deine Fußchakras in die Beine, das Becken, den Rücken bis hinauf zum Herzchakra und weiter in deine Arme und Hände fließen.

- Laß in deiner Vorstellung in diesen Energiestrom die Farbe Rosa fließen. Diese Farbe verstärkt das Loslassen alter oder nicht mehr benötigter Energien. Rosa unterstützt zudem den Neuanfang, die Vergebung und die Liebe für dich selbst. Atme tief in den Energiestrom hinein. Beim Einatmen fließt die rosa Energie durch deinen Körper bis in dein Herzchakra, beim Ausatmen strömt die Energie von deinem Herzchakra weiter in deinen rechten Arm und in die Hand. Hierbei werden der Arm und die Hand ganz langsam und sanft nach oben in Richtung deines Herzchakras bewegt.

- Hebe deinen rechten Arm jeweils beim Ausatmen ein Stückchen weiter, bis die nach unten zum Herzchakra geöffnete Handfläche direkt über deinem Herzchakra zum Stillstand kommt. Laß deine Hand dort ruhen und hebe langsam, wiederum im Fluß mit deiner Aus- und Einatmung sowie dem Energiestrom aus der Erde, deine linke Hand in Richtung des Herzchakras.

- Wenn auch die linke Hand oberhalb deines Herzchakras angelangt ist, legst du beide Hände leicht ineinander und atmest ruhig weiter. Jetzt kannst du spüren, wie die Herzenergie von deinem Herzchakra aus durch Arme und Hände fließt und durch deine Handchakras zurück zu deinem Herzchakra gelangt. Der Kreislauf ist geschlossen, und du füllst dich ganz mit dieser Herzensenergie auf.

- Senke nun langsam nacheinander die rechte und linke Hand zurück zum Boden. Atme noch für ein paar Minuten ruhig und tief und versuche, dich ganz zu entspannen. Wenn dir kühl wird, kannst du dich mit einer Decke zudecken. Drehe dich vor dem Aufstehen zunächst auf die rechte Seite und verweile in der Embryohaltung noch für einen Augenblick. Fühle die Geborgenheit und Liebe zu dir selbst.

**Anmerkung**

Diese Übung hat oft eine sehr intensive Wirkung, und manchmal treten hierbei erhebliche Barrieren auf. Mache die Übung daher nur so lange und so intensiv, wie es sich für dich gut anfühlt. Wiederhole die Übung bei Widerständen lieber in kleineren Schritten und zwinge dich nicht, sie auf Anhieb vollständig auszuführen. Schön ist es auch, wenn du bei der Übung von einem dir nahestehenden Menschen begleitet wirst, der dir Sicherheit gibt und dir helfen kann, die Hände wirklich über dem Herzchakra zu halten.

## Unterscheidung von Herzchakra und physischem Herz

**Intention der Übung**

Das physische Herz hat in unserem Körper die Aufgabe, den Blutkreislauf und somit die Versorgung des Körpers mit Sauerstoff sicherzustellen. Das Herzchakra hingegen hat in unserem feinstofflichen Energiesystem u. a. die Funktion, Liebe zu sich selbst, zu anderen Menschen und auch zu Tieren empfinden zu können. Es kann vorkommen, daß das physische Herz Funktionen des Herzchakras übernimmt, für die es nicht ausgestattet ist. Die Folge davon können Herzbeschwerden jeglicher Art sein. Durch diese Übung werden die Funktionen von physischem Herz und Herzchakra deutlich voneinander getrennt, wodurch eine Entlastung des physischen Herzens und hierdurch eventuell auch ein Rückgang der Beschwerden möglich ist.

**Affirmation**

Physisches Herz und Herzchakra übernehmen ihre eigenen Aufgaben.

**Übungsablauf**

- Setze dich bequem auf einen Stuhl, dein Rücken ist gerade, der Kopf leicht nach vorne geneigt. Beide Füße stehen, etwa in Schulterbreite, auf dem Boden. Dein Körper ist entspannt, und deine Aufmerksamkeit ist nach innen gerichtet. Erde dich. Atme ruhig und tief und gehe dann mit deiner inneren Aufmerksamkeit zu deinem physischen Herzen. Lege eine Hand auf dein Herz und spüre den Rhythmus deiner Atmung.

- Konzentriere dich auf deinen Herzschlag und stelle dir dabei vor, wie dein ganzer Körper in diesem Rhythmus pulsiert. Laß vor deinem inneren Auge deinen Blutkreislauf entstehen. Vom Herzen aus werden dein ganzer Körper, deine inneren Organe, deine Arme und Beine und auch dein Kopf mit Blut, Sauerstoff und allen anderen lebensnotwendigen Stoffen aufgefüllt.

- Stelle dir jetzt für dein physisches Herz und den dazu gehörenden Blutkreislauf eine Farbe (z. B. Rot) vor. Laß diese Farbe von deinem Herzen aus in den Blutkreislauf, deinen ganzen Körper und die Organe fließen. Nimm dir Zeit und vergiß das Atmen nicht.

- Gehe anschließend mit deiner inneren Konzentration zu deinem Herzchakra. Sage »Hallo« zu diesem Chakra. Du kannst begleitend ein Hand vor das Chakra halten und spüren, wie es sich anfühlt. Wie sieht das Chakra im Augenblick aus? Wie groß ist es? Beobachte und vergiß das Atmen nicht.

- Besinne dich auf die Funktionen des Herzchakras in deinem Energiesystem. Es erfüllt dich mit Liebe und Kreativität und ist das wichtigste Chakra im Selbstheilungsprozeß. Stelle dir für das Herzchakra jetzt eine bestimmte Farbe vor (z. B. Grün). Die Farbe muß sich von der Farbe für das physische Herz deutlich unterscheiden. Laß diese Farbe das ganze Chakra und von dort aus auch dein ganzes feinstoffliches Energiesystem ausfüllen. Beobachte innerlich, daß dein Blutkreislauf und dein feinstoffliches Energiesystem zwei unterschiedliche Systeme darstellen.

- Wenn du das Gefühl hast, daß sich die beiden Systeme miteinander vermischen, dann kannst du zusätzlich zwischen das physische Herz und das Herzchakra eine Rose stellen. Die Rose hilft, daß dein physisches Herz nicht die Funktionen des Herzchakras übernimmt.

- Laß die Bilder jetzt gehen und konzentriere dich für eine Weile auf deine Atmung. Fülle anschließend deine Chakras und deine Aura sowie deinen ganzen Körper mit neuer Energie aus deiner Sonne aus. Löse dich aus der Konzentration.

## Reinigung des Kehlchakras von alten Kommunikationsmustern

**Intention der Übung**
Schon in früher Kindheit setzten sich bei uns bestimmte Muster im Umgang mit anderen Menschen fest. Oft beeinflussen uns zum Beispiel die in der Kindheit angenommenen Kommunikationsmuster unbewußt und hindern uns daran, uns frei und ungezwungen mit anderen zu verständigen. Im feinstofflichen System werden diese Muster im Kehlchakra gespeichert. Durch diese Übung erfährst du mehr über sie. Durch die Reinigung des Chakras kannst du die alten Kommunikationsmuster mehr und mehr loslassen.

**Affirmation**
Ich verändere meine Kommunikationsmuster.

**Übungsablauf**
- Setze dich bequem auf einen Stuhl, dein Rücken ist gerade, der Kopf leicht nach vorne geneigt. Beide Füße stehen, etwa in Schulterbreite, auf dem Boden. Dein Körper ist entspannt und deine Aufmerksamkeit ist nach innen zu deinem Kehlchakra gerichtet. Erde dich und verbinde dich mit deiner Sonne.

- Stelle dir außerhalb deiner Aura eine weiße Leinwand vor. Schreibe auf die Leinwand das Wort Kommunikation und laß dann ein Bild von dir entstehen. Schau dir das Bild in Ruhe an und beobachte, welche Kommunikationsmuster du darin erkennen kannst. Spüre jeweils für eine Weile in die einzelnen Situationen hinein und achte darauf, welche Verhaltensweisen sich für dich heute nicht mehr richtig anfühlen.

- Visualisiere dann auf der Leinwand eine Vase mit vielen bunten »Staubsaugerrosen«. Nimm nacheinander so viele Rosen, wie du brauchst, und laß sie all die überholten oder veralteten Kommunikationsmuster oder die entsprechenden Gefühle reinigen. Laß die mit alter Energie angefüllten Rosen in die Erde abgehen.

- Hole jetzt das Bild von der Leinwand in deine Sonne und fülle es dort mit frischer, unbelasteter und freier Energie auf. Du kannst auch bestimmte Farben in das Bild geben. Laß das gereinigte Bild dann hinunter in dein Kehlchakra wandern und behalte es dort. Löse dich langsam aus deiner Konzentration.

## Reinigung des Stirnchakras von alten Beziehungsmustern

### Intention der Übung

Im Laufe unseres Lebens machen wir uns zahlreiche Bilder über uns selbst, unsere Mitmenschen und über die Welt. Oftmals passen diese Bilder heute nicht mehr, und wir möchten uns von einigen gerne trennen. In dieser Übung erfährst du, welche Bilder du dir von dir selbst und deiner Umwelt im Laufe deines Lebens gemacht hast. Du kannst in deiner eigenen Vorstellung diese Bilder verändern und somit Raum für Neues schaffen.

**Affirmation**
Ich verändere mein Bild über mich selbst und die Welt.

**Übungsablauf**

- Setze dich bequem auf einen Stuhl, dein Rücken ist gerade, der Kopf leicht nach vorne geneigt. Beide Füße sind, etwa in Schulterbreite, auf den Boden aufgesetzt. Erde dich und schreibe deinen Namen und das heutige Datum in die Verbindung mit der Erde. Dein Körper ist entspannt, und deine Aufmerksamkeit ist nach innen zu deinem Stirnchakra gerichtet.

- Stelle dir außerhalb deiner Aura eine weiße Leinwand vor. Auf der Leinwand ist ein großer Spiegel zu sehen. Laß in dem Spiegel ein Bild von dir selbst entstehen und betrachte dich darin. Was gefällt dir an dir selbst jetzt im Augenblick nicht? Gibt es zum Beispiel etwas an deinem Erscheinungsbild, das du nicht magst? Oder gibt es bestimmte Verhaltensweisen oder Gefühle, die dich stören? Laß alles, was dir an dem Bild von dir nicht gefällt, durch »Staubsaugerrosen« reinigen. Laß die Rosen anschließend in die Erde abgehen.

- Hole jetzt in deiner Vorstellung das veränderte Bild von der Leinwand in dein Stirnchakra. Stelle dir anschließend wieder den Spiegel auf der Leinwand vor. Laß hier ein Bild von Freunden, Verwandten oder Kollegen entstehen. Welche Verhaltensweisen oder Muster hast du innerhalb dieser Beziehungen angenommen? Passen sie heute noch zu dir oder möchtest du einige davon verändern? Laß auch in diesem Bild veraltete oder nicht mehr zu dir passende Energie oder Beziehungsmuster durch Rosen säubern.

- Hole nun das veränderte Bild in dein Stirnchakra. Stelle dir abschliessend auf dem Spiegel auf der Leinwand eine Landschaft vor. Laß in deiner Vorstellung alle Bilder und Glaubenssätze, die du dir im Laufe deines Lebens über die Welt gemacht hast, von »Staubsaugerrosen« reinigen.

- Hole auch dieses veränderte und ans »Jetzt« angepaßte Bild in dein Stirnchakra. Atme ein paarmal tief durch, erde dich und schreibe wieder das Datum in deine Erdung. Fülle dich aus deiner Sonne mit frischer Energie auf und löse dich dann langsam aus der Konzentration.

## Verbindung mit dem eigenen Wissen im Kronchakra

### Intention der Übung

Wir alle verfügen von Geburt an über sehr viele Informationen, was das Leben sowie unsere Aufgaben auf dieser Erde betrifft. Im Laufe unseres Lebens wird dieses alte Wissen jedoch mehr und mehr vergessen und durch angelerntes oder von anderen Menschen übernommenes Wissen verdrängt. Diese Übung hilft dir, durch das Kronchakra einen erneuten Zugang zu deinem eigenen ursprünglichen Wissen zu bekommen und es, sofern du möchtest, für dich zu nutzen.

### Affirmation

Ich bin in Kontakt mit meinem ursprünglichen Wissen.

### Übungsablauf

- Setze dich bequem auf einen Stuhl, dein Rücken ist gerade, der Kopf leicht nach vorne geneigt. Beide Füße stehen, etwa in Schulterbreite, auf dem Boden. Dein Körper ist entspannt und deine Aufmerksamkeit nach innen gerichtet. Verbinde dich mit deiner Sonne und erde dich. Atme dabei tief und entspannt.

- Gehe nun mit deiner inneren Aufmerksamkeit zum Scheitel deines Kopfes und zu deinem Kronchakra und stelle dir vor, daß hier ein ursprüngliche Wissen über die Erde und das Leben auf der Erde vorhanden ist. Laß die Gedanken oder Bilder dazu einfach kommen, ohne sie zu bewerten.

- Dieses Wissen entfaltet sich jetzt von deinem Scheitel und deinem Kronchakra aus weiter in Richtung deiner Sonne. Verbinde dich innerlich mit dieser Informationsquelle. Wie sieht dieses alte Wissen für dich aus? Möchtest du vielleicht eine bestimmte Information zu einem aktuellen Thema oder zu Lebensfragen haben? Laß die Antworten kommen, ohne darüber nachzudenken.

- Wenn du so weit bist, dann bedanke dich bei deinem eigenen Wissen für diesen ersten Kontakt und verabrede mit ihm, daß du jederzeit wieder in Verbindung mit ihm treten kannst. Erde dich erneut und löse dich aus der Konzentration.

## Chakra-Reise

### Intention der Übung

Bei dieser Übung bekommst du ein aktuelles Bild von deinen Hauptchakras. Durch dieses Bild erhältst du einen neuen Zugang zu ihren Qualitäten und der Bedeutung der einzelnen Chakras für dich selbst.

### Affirmation

Ich habe einen Zugang zu meinen Chakras.

### Übungsablauf

- Setze dich bequem auf einen Stuhl, dein Rücken ist gerade, der Kopf leicht nach vorne geneigt. Beide Füße stehen, etwa in Schulterbreite, auf dem Boden. Dein Körper ist entspannt, und deine Aufmerksamkeit ist nach innen gerichtet. Atme tief ein und aus und erde dich.

- Sage in Gedanken »Hallo« zum Wurzelchakra, Sakralchakra, Nabelchakra, Herzchakra, Kehlchakra, Stirnchakra und zum Kronchakra. Stelle dir dann außerhalb deiner Aura eine weiße Leinwand vor. Auf dieser Leinwand entsteht ein Bild von einer Landschaft. Du gehst hier auf einem schönen Weg spazieren, bis du zu einem Haus kommst. Dieses Haus ist ein aktuelles Abbild deines Wurzelchakras.

Schau dir an, wie das Haus in der Landschaft liegt. Wie sieht die Umgebung aus? Gibt es einen Weg zu dem Haus? Gibt es einen Garten? Hat das Haus eine Eingangstür, andere Türen oder Fenster?

- Wenn es möglich ist, dann gehe durch die Tür in dieses Haus hinein. Schau dir das Haus jetzt von innen genau an. Gibt es im Haus Zimmer, einen Flur, eine Küche, einen Keller? Wie ist es hier eingerichtet? Siehst du Möbel, Teppiche oder Bilder? Sind außer dir andere Menschen oder Tiere im Haus? Beobachte alles, ohne zu bewerten, und vergiß das Atmen nicht. Wenn du möchtest, kannst du in dem Bild auch Veränderungen vornehmen, z. B. die Haustür aufmachen, damit du in das Haus eintreten kannst.

- Gehe aus dem Haus wieder hinaus und begib dich weiter auf den Weg durch die Landschaft. Wie sieht die Landschaft jetzt aus? Dein Weg führt dich weiter, bis du zu einem zweiten Haus kommst. Dieses Haus zeigt dir ein Bild von deinem Sakralchakra. Schau dir erneut die Umgebung des Hauses sowie das Haus von außen und von innen genau an. Wie sieht es aus? Wie ist die Einrichtung, gibt es andere Menschen oder Tiere hier? Atme.

- Gehe nun aus diesem Haus hinaus und weiter auf dem Weg durch die Landschaft. Du kommst bald an ein weiteres Haus, dein Nabelchakra. Schau dir die Umgebung und das Haus wieder genau an. Wie sieht es aus? Kannst du hineingehen, oder mußt du erst eine Tür aufmachen? Beobachte, was du siehst und geh dann auf deinem Weg weiter zu einem Haus, das jetzt ein Bild für dein Herzchakra darstellt.

- Was für ein Haus erscheint diesmal auf der Leinwand? Wo liegt es, wie ist die Umgebung und wie sieht das Haus von innen und von außen aus? Gibt es in dem Haus etwas Besonderes? Gibt es hier vielleicht ein Geschenk oder eine Überraschung für dich? Beobachte alles und nimm es an. Wenn du genug gesehen oder gespürt hast, dann gehe langsam aus dem Haus hinaus und wieder auf den Weg durch die Landschaft.

- Der Weg führt dich weiter, und es erscheint wieder ein Haus, diesmal steht dieses Bild für dein Kehlchakra. Du schaust dir das Haus und die Umgebung wieder genau an und gehst dann weiter auf dem Weg durch die Landschaft zum Stirnchakra. Was für ein Bild erscheint dir hier? Hast du wieder das Bild von einem Haus oder kommst du diesmal an eine ganz andere Stelle? Wie sieht es hier aus? Betrachte das Bild solange du möchtest und gehe dann weiter zum letzten Chakra, dem Kronchakra.

- Entsteht für dieses Chakra auf der Leinwand wieder ein Bild von einem Haus? Wie sieht hier die Umgebung aus? Gibt es einen Garten, vielleicht mit einem Zaun? Gibt es einen kleinen Weg, der zur Haustür führt? Wieviele Stockwerke hat das Haus, gibt es Türen und Fenster? Gehe in das Haus hinein und schau, ob es hier Zimmer gibt. Wie sind sie eingerichtet, gibt es Möbel, Teppiche oder andere Menschen hier? Betrachte das Haus in Ruhe und atme.

- Wenn es genug ist, dann gehe auch aus dem letzten Haus wieder hinaus in die Landschaft. Betrachte sie noch für einen Augenblick auf der Leinwand. Laß das Bild und die Leinwand gehen. Ziehe deine Konzentration zurück in die Mitte deines Kopfes. Bedanke dich innerlich bei deinen Chakras und auch bei den Bildern, die du von ihnen erhalten hast. Löse dich langsam aus der Konzentration und öffne die Augen.

**Anmerkung**

In dieser Übung visualisierst du nacheinander die Hauptchakras. Es ist möglich, daß du für sie das Bild eines Hauses bekommst. Es ist auch möglich, daß du ein anderes Symbol für sie oder für eines von ihnen erhältst. Laß deshalb die Bilder auf der Leinwand einfach kommen, beobachte sie genau und bewerte nicht. Alles ist möglich und in Ordnung. Der Weg zwischen den Chakras gibt dir zudem ein Bild vom Chakrakanal. Es ist möglich, daß diese Verbindung zwischen zwei oder mehreren Chakras schwer zu finden oder fast unpassierbar für dich ist. In diesem Fall kannst du diesen Teil des Chakrakanals mit einer Farbe oder einer »Staubsaugerrose« reinigen. Wenn du möchtest, kannst du die Bilder deiner Chakras malen und die Übung nach einer gewissen Zeit wiederholen, da es oft interessant ist, wie sie sich im Laufe der Zeit verändern.

## Chakra-Balance und Indianische Chakra-Massage (Übung zu zweit)

### Intention der Übung

Die Chakras üben immer ihre speziellen Funktionen im energetischen System aus. Allerdings kommt es oft vor, daß innerhalb des Chakrasystems ein Ungleichgewicht zwischen den einzelnen Chakras herrscht. Es kann sein, daß ein oder mehrere Chakras im Vergleich zu den anderen überaktiv oder zu wenig aktiv sind. Infolgedessen kann es zu körperlichem, emotionalem oder seelischem Unwohlsein kommen. In dieser Übung werden die Chakras »ausbalanciert«, das heißt in ein ausgewogenes Verhältnis zueinander gebracht. Hierdurch wird die Aktivität der sieben Hauptchakras aneinander angeglichen, wodurch wir uns ausgeglichener und stabiler fühlen.

### Affirmation

Ich bringe meine Chakras ins Gleichgewicht.

### Übungsablauf

- Zwei Personen erden sich im Stehen und sammeln ihre Energien in den eigenen Sonnen. Person A hält einen Arm waagrecht vor den Körper und sagt laut ihren Vor- und Zunamen. Person B spürt den Widerstand des Armes, indem sie ihn sanft und vorsichtig nach oben und unten bewegt.

- Nacheinander wird dann, angefangen beim Wurzelchakra, der Widerstand der sieben Hauptchakras »getestet«. Person B hält hierbei die offene Handinnenfläche wahlweise der rechten oder der linken Hand vor das jeweilige Chakra in einem für Person A angenehmen Abstand. Person A sagt ihren Namen und Person B testet gleichzeitig den Widerstand des Armes und somit des Chakras.

- Diese Übung wiederholen beide Personen für alle Chakras, also nacheinander für das Sakralchakra, das Nabelchakra, das Herzchakra, das Kehlchakra, Stirnchakra und Kronchakra. Zwischen den Chakras wird der Arm jeweils kurz entspannt und leicht ausgeschüttelt. Wenn der Arm leicht abzulenken bzw. zu bewegen ist, dann bedeutet das, daß das Chakra im Augenblick wenig Widerstand hat.

- Anschließend stehen beide Personen, außerhalb der Aura der anderen, in etwa zwei bis drei Metern einander gegenüber. Nun werden die Chakras mit dem geringsten Widerstand »ausbalanciert«, d.h. ins energetische Gleichgewicht mit den anderen Chakras gebracht. Person A sagt hierzu mehrmals laut ihren Namen. Person B schließt die Augen und geht mit ihrer Konzentration zu ihren Handinnenflächen. Sie hält die offene Handinnenfläche (Handchakra) in Richtung des auszubalancierenden Chakras von Person A und dreht die Hand langsam und gleichmäßig im Uhrzeigersinn.

- Die Anzahl der Drehungen ergibt sich, in dem wir von 20 die jeweilige Zahl des entsprechenden Chakras (erstes Chakra = Wurzelchakra = 1; siebtes Chakra = Kronchakra = 7) abziehen. Hat sich also beim Ausbalancieren der Chakras ergeben, daß Nabelchakra und Kehlchakra von Person A am wenigsten Widerstand aufweisen, so wird zunächst das Nabelchakra mit 17 (20 minus 3) und anschließend das Kehlchakra mit 15 (20 minus 5) langsamen Handdrehungen gestärkt. Person A wiederholt dabei mehrmals ihren Namen.

- Abschließend wird der Widerstandstest vom Anfang der Übung wiederholt, um den Unterschied vor und nach der Chakra-Balance festzustellen. Hierzu hält Person A wieder einen Arm waagrecht vor dem Körper und sagt ihren Vor- und Zunamen. Person B spürt den jetzigen Widerstand des Armes und somit der Chakras, indem sie die Handinnenfläche nacheinander vor die Chakras hält und dabei den Arm sanft und vorsichtig nach oben und unten bewegt. Ihr könnt euch anschließend kurz über eure jeweiligen Erfahrungen während der Übung austauschen und dann die Rollen wechseln.

# Die Übergabe eines Wunsches an den Kosmos

### Intention der Übung

Diese Übung kann dir helfen, dir über deine Wünsche klarer zu werden und sie dir so genau wie möglich vorzustellen. Du kannst mehr und mehr Vertrauen entwickeln, daß das Universum all das, was du brauchst, für dich bereit hält und daß du dir jederzeit das nehmen darfst, was du brauchst oder haben möchtest.

### Affirmation

Mein Wunsch geht in Erfüllung.

### Übungsablauf

- Setze dich bequem auf einen Stuhl, dein Rücken ist gerade, der Kopf leicht nach vorne geneigt. Beide Füße stehen, etwa in Schulterbreite, auf dem Boden. Dein Körper ist entspannt, und deine Aufmerksamkeit ist nach innen gerichtet.

- Gehe nun in die Mitte deines Kopfes und stelle dir außerhalb deiner Aura eine weiße Leinwand vor, auf der du deinen Wunsch in allen Einzelheiten visualisierst. Versuche dabei, dir auch Kleinigkeiten, die zu deinem Wunsch gehören, so genau wie möglich vorzustellen. Vielleicht möchtest du ja auch den Zeitpunkt bestimmen, bis zu dem dein Wunsch in Erfüllung gehen soll.

- Schreibe nun auf dieses Bild deinen Vor- und Nachnamen und auch das Datum von heute. Gibt es in deinem Wunsch noch Energien oder Bilder von anderen Menschen? Wenn das so ist, dann laß diese Energien oder Bilder in die Erde oder in den Kosmos gehen. Du kannst dazu auch die Hände zu Hilfe nehmen. Verbinde deinen Wunsch mit deinem Herzen.

- Stelle dir nun um deinen Wunsch herum einen großen rosaroten Ballon vor, der mit kosmischem Licht angefüllt ist. Hole den Ballon in deiner Vorstellung in dein Nabelchakra und fülle ihn hier mit deiner eigenen Kreativität auf.

- Laß abschließend alles, was mit deinem Wunsch in Zusammenhang steht, vollständig los und laß den aufgefüllten Ballon voller Vertrauen in die kosmischen Möglichkeiten fliegen. Mache dich ganz frei für die Erfüllung deines Wunsches.

**Anmerkung**

Es ist sehr wichtig, daß du dir von deinem Wunsch ein möglichst genaues Bild machst, damit sich der Wunsch in dieser Realitätsebene auch so verwirklichen kann, wie du das wirklich möchtest. Sei dir im klaren darüber, daß der Kosmos seine eigene Art und Weise hat, den Wunsch »zu deuten« und entsprechend »zu verwirklichen«, laß dich überraschen.

# INDIKATOREN-VERZEICHNIS

Eine aktuelle Liste von PraktikerInnen der Energiearbeit nach der hier dargestellten Methode erhalten Sie vom NEUE ERDE Verlag.

Bitte fordern Sie auch unser aktuelles Gesamtverzeichnis an:

**Ryvellus bei NEUE ERDE Verlag GmbH**
**Cecilienstr. 29 · 66111 Saarbrücken · Deutschland**
**Fax: 0681 390 4102 · info@neueerde.de**
**www. neueerde.de**

Die Liste der PraktikerInnen der Energiearbeit soll demnächst auch ins Internet gestellt werden. Schauen Sie einfach mal rein:

**www.neueerde.de**

Bücher suchen unter: www.buchhandel.de (hier finden Sie alle lieferbaren Bücher und eine Bestellmöglichkeit über eine Buchhandlung Ihrer Wahl).